ATB · ALEX TASCHENBÜCHER · ATB

Patty Frank

Die Indianerschlacht am Little Big Horn

DER KINDERBUCHVERLAG BERLIN

ISBN 3-358-01014-7

Das Leben des Mannes, der das vorliegende Buch geschrieben hat, ist nach seinem eigenen Ausspruch „ein einziges Abenteuer gewesen“. Er gehörte zu den Menschen, deren Werk man nicht von ihrem Privatleben trennen kann.

Als Zehnjähriger sah er, Ernst Tobis, geboren 1876 in Wien, seine ersten Indianer, „echte Sioux“, die zu jener Zeit den Neugierigen in zoologischen Gärten und Amüsierparks als Schaustücke vorgeführt wurden. Ernst aber war nicht gekommen, um Sensationen zu erblicken. Begeistert von dem Heldentum und der Schönheit jener Menschen der Neuen Welt, begeistert auch von den Indianergeschichten des Karl May, gelobte er ihnen seine Treue. Er wußte noch nicht, wohin diese seine Anhänglichkeit ihn einmal führen würde.

Als er dreizehn Jahre alt war, ging er mit der Mutter nach Frankfurt. Er wollte Schiffsjunge werden, um die Welt zu sehen und in ihr das Land der Indianer zu finden. Tatsächlich gelang es ihm, die zuerst heftig widerstrebenden Eltern für seine Idee zu gewinnen und sie von der „Notwendigkeit“ seines Berufes zu überzeugen. Gerade, als man ihn angenommen hatte, starb jäh der Vater. Nun gab es kein Abenteuern mehr. Ernst mußte einen Beruf ergreifen und begann seine Lehre als „Kunstgärtner“ im Frankfurter Palmengarten.

Da kniete er zwischen den Pflanzen aus fernen Gegenden und träumte von den Indianern …

Und wieder sollte er lebendige Botschaft von ihnen erhalten.

Nach Frankfurt, und ausgerechnet in den Palmengarten, kam mit seinen wilden Reitern der Büffeljäger

Oberst Cody (er nannte sich „Buffalo Bill"). Und als von ihm ein Pferdejunge gesucht wurde, brannte „Eisenarm", wie Ernst sich nannte, der Mutter durch, wanderte mit der Truppe und atmete Zirkusluft. Jedoch kam der Tag, an dem „Buffalo Bill" wieder über den Atlantik zurückfuhr und der kleine Pferdejunge wieder zur Mutter heimkehren mußte. Alles, was ihm außer seiner glühenden Sehnsucht blieb, war ein Paar echte Mokassins, die er einem indianischen Mitglied der Show abgebettelt hatte.

Scheinbar ging er nun in sich und gab sich mit Fleiß der Gärtnerarbeit hin. Die Abende allerdings verbrachte er in der Gesellschaft einer Gruppe junger Leute, die trainierten, um Akrobaten zu werden. Denn wenn er etwas erlernen sollte, was ihm ermöglichte, im Zirkus aufzutreten, so dachte er, würde er auch wieder Gelegenheit finden, mit Indianern zusammenzutreffen.

Mit siebzehn Jahren hatte er ausgelernt, verließ Frankfurt für immer und erhielt sein erstes Zirkusengagement. Da war die Annahme eines Künstlernamens fällig. Ernst Tobis nannte sich: Patty Frank. Mit wechselnden Gruppen, immer den neuesten Karl-May-Band unter dem Kopfkissen, arbeitete er in verschiedenen Zirkussen und konnte mit einundzwanzig Jahren bereits eine eigene Akrobatengruppe gründen.

Er trat in weltberühmten Programmen auf, vornehmlich solchen, wo auch Indianer zu finden waren. Als er fünfundzwanzig Jahre alt war, kam „Buffalo Bill" wieder nach Europa und engagierte ihn. Patty Frank ging mit der Truppe nach Amerika, zum größten Zirkus der Welt, zu Barnum und Bailey.

Hier begann die Epoche seines Wohlstandes, und hier begann sein eigentliches Lebenswerk. Von dem mit seiner Geschicklichkeit verdienten Geld begann er indianische Gegenstände zu kaufen und zu sammeln, um die Kunstfertigkeit seiner indianischen Freunde zu verkünden und zu beweisen.
So ritt er denn, wenn der Zirkus in entlegenen Gegenden spielte, in die Reservationen, sprach mühselig die im Zirkus erlernten Bruchstücke von Indianersprachen, die ihm das Vertrauen der Indianer einbrachten, wobei seine Künste im Turnen, Schießen und Reiten gewaltig mithalfen. Er wurde zum nie ermüdenden Sucher und glücklichen Finder indianischer Kostbarkeiten und sagte stolz von sich: „Der Boss der Patty-Frank-Truppe wird zum Forscher!"
Der erste Weltkrieg brach aus, an dem Patty Frank wegen einer Fußverletzung nicht teilzunehmen brauchte, und im Jahre 1916 gelangte er nach Radebeul und sah in der „Villa Shatterhand" die vielen Indianerstücke aus dem Nachlaß Karl Mays. Dort reifte die Idee, seine eigene inzwischen außerordentlich angeschwollene wertvolle Sammlung mit der Karl Mays zu vereinen und von dem Gesamtbestand ein Museum einzurichten.
Fünfundzwanzig Jahre lang war Patty ein Weltenbummler gewesen, nun wollte er seßhaft werden. Sein auch war die Idee, aus Baumstämmen ein „Squatter"-Haus im Stile der ersten weißen Ansiedler im Garten des Mayschen Grundstücks zu erbauen; ihm fiel dafür der Name „Villa Bärenfett" ein. 1928 wurde dort ein Schild angenagelt: Karl-May-Museum. Es war das größte privat zusammengetragene Indianermuseum Europas. Von da an stand Patty

Frank inmitten seiner Sammlung und „erklärte" sie – ein Kenner der Indianer und ein Meister von Zirkuseffekten, angefeuert von einer Begeisterung, wie nur eine selbsterwählte Aufgabe sie einem Menschen verleihen kann.

Habt ihr ihn dort noch sehen können? Habt ihr ihn gehört? Habt ihr gefühlt, wieviel er wußte und daß dort in der „Villa Bärenfett" ein Mensch es verstand, die Weite der Welt heraufzubeschwören und den edlen Charakter von weit entfernt wohnenden Menschen zu verherrlichen, die doch noch lebten, und den Glanz einer Kultur darzustellen, die schon längst untergegangen war?

Denn für Patty Frank waren „die Indianer" die Prärieindianer, wenn er auch sehr wohl wußte, wer die Pueblo, die Apachen und Nordwestküstenindianer waren, von denen er ebenfalls kostbare Stücke in seinem Museum besaß. Aber die alte Romantik seiner Jugend war die der Prärie, der „Skalpe" und der „Sioux", jener Dakotaindianer, deren Name „Echte Schlangen" („Nadouessioux") durch ihre Feinde aus der Algonkin-Sprachfamilie im Slang der Grenzer zu dem Worte „Sioux" abgekürzt worden war.

Auch ich gehöre zu den Tausenden, die ihn gesehen haben, wenn er die alten Trapperhüte aufsetzte, die alten Gewehre zur Hand nahm, wenn er das echte Bärenfell liebkoste und begeistert auf die herrlichen Stickereien alter Ledergewänder hinwies. Da meine Lebensarbeit den nordamerikanischen Indianern gewidmet ist, nahm er mich als Freund an, und ich bin stolz darauf. Denn zwei Dinge verbanden uns: die Hochachtung vor den Tatsachen und die Liebe zu fernen Volksstämmen.

Daß uns Patty Frank ein literarisches Meisterwerk vorlegen könnte, dürfen wir nicht erwarten. Wer sich an Karl May geschult hat, mag wohl eine heiße Liebe zu den Indianern in sich entwickelt haben, kaum aber literarische Meisterschaft. Dafür aber zeichnet sich, wie auch der ganze ehrliche Patty Frank, sein Buch durch Tatsachentreue aus. Was er schreibt, ist verbürgt, ist wahr, ist aus untadeligen Quellen zusammengetragen.
Die Liebe zu den Indianern ist in vielen Ländern zur Tradition geworden. Indianerausstellungen und Indianervorträge finden noch immer das begeisterte Interesse ungezählter Menschen. Das Schicksal der indianischen Stämme zieht uns immer wieder an. Es ist reich an aufopferungsvollen Freiheitskämpfen und an unschuldig erlittenem Leid, an Beispielen von Edelmut, Patriotismus und Würde.
Unsere Liebe zu den Indianern beruht auf Tatsachen, die wir kennen oder zu kennen meinen und die die meisten der Indianerliebenden mit Gefühlen vermischen, die sie für die Gefühle der Indianer halten. Was ficht es sie an, daß Begriffe wie etwa „Rothäute" oder „Sioux", wie „Großer Geist" oder „ewige" Jagdgründe den wirklichen Indianern fremd und unverständlich sind?
So gibt es gewissermaßen eine Traumliteratur über die Indianer, die von weißen Gestalten, weißen Begriffen beherrscht wird, und eine Literatur der wirklichen indianischen Welt. Populäre Bücher, die es sich zur Aufgabe gemacht haben, der Wahrheit über die Indianer zu dienen, sind begrüßenswerte Bücher, da sie der Indianerliebe vieler Menschen ein Rückgrat aus Tatsachen geben und diese Liebe damit um so

solider machen.
Wie hoch ist es Patty Frank anzurechnen, daß er sich trotz seiner bunten Phantasie und trotz seines begeisterten Herzens zur Tatsachentreue durchrang und seinen Lesern nur Wahrheit gab!
Daß die Kämpfe, die die Indianer fochten, um ihre Freiheit zu erhalten oder wiederzugewinnen, ihn am meisten packten, liegt in dem Drang nach Gerechtigkeit, der ihn auszeichnete. Sein ganz besonderes Interesse galt jenem dramatischen Geschehen, das den Namen des Little-Big-Horn-Flusses im fernen Staate Montana im Jahre achtzehnhundertsechsundsiebzig in das Buch der Heldengeschichte der Menschheit einschrieb. Damals gelang es einem von der Gerechtigkeit der eigenen Sache inspirierten Völkerbunde von Indianern, den weißen General zu vernichten, der hochmütig gekommen war, sie hinzumetzeln wie gewöhnlich.
Damals gab es noch keine Weltproteste für die gerechte Sache der Indianer, so wie es heute im Namen vieler kämpfender und leidender Völker geschieht. Allein siegten die Helden. Beim „Kleinen Fluß der Großhornschafe“ war es, wo die Dakotaindianer, verstärkt durch die nördlichen Cheyenne und andere, die Truppen Custers und ihren Kommandeur so schlugen, daß kein einziger der Weißen sich wieder vom Boden erhob. Es war die letzte Schlacht solchen Ausmaßes, die letzte Schlacht solchen Ausganges, die den Indianern vergönnt gewesen ist. Sie ist es wert, nach den Tatsachenberichten erzählt zu werden, wie Patty Frank es getan hat.
Als er am 23. August 1959, dreiundachtzigjährig und bis zuletzt von jugendlichem Feuer erfüllt, verstarb,

lebte ich gerade auf den Jagdgründen der Montagnais-Naskapi-Indianer auf der Labradorhalbinsel im nördlichen Kanada. Ich habe seiner dort gedacht. Möge er in seinen letzten Augenblicken gefühlt haben, daß die Indianer leben und leben werden. Unvergänglich soll die Begeisterung bleiben, die ihnen aus reinen Herzen gewidmet wurde.
So wollen wir Patty Franks Buch in seinem Sinne lesen. Möge es uns dazu veranlassen, für die Freiheit aller Völker dieser Erde mutig einzustehen.
Leipzig, 1967

Professor Dr. Eva Lips

Die Indianerschlacht am Little Big Horn

Die große Niederlage

Unter den Vernichtungsfeldzügen amerikanischer Truppen gegen freie Indianerstämme im vorigen Jahrhundert sind besonders die sogenannten Strafexpeditionen von achtzehnhundertsechsundsiebzig wegen ihrer außerordentlichen Ereignisse gekennzeichnet. Am fünfundzwanzigsten Juni dieses Jahres erlitt das siebente Kavallerieregiment der amerikanischen Armee im Indianergebiet von Montana nach einem Überfall auf eine starke Indianerstreitmacht eine empfindliche Niederlage. Es verlor dabei etwa die Hälfte seiner Mannschaft. Auch der Regimentskommandeur, General George Armstrong Custer, fand dabei den Tod.

Kurz danach begann in der amerikanischen Presse eine neue Hetzwelle gegen die freien Indianer, bei der aus jeder Kleinigkeit Kapital geschlagen wurde und Fälschungen keine Seltenheit waren. Das Für und Wider, das Warum und Wieso, die Streitereien um fast lächerliche Kleinigkeiten wollten nicht aufhören; zu Dutzenden tauchten die „einzigen Überlebenden" aus jener Schlacht auf und versanken mehr oder weniger ruhmlos wieder in Vergessenheit.

Warum geschah das alles?

Haben wirklich sogenannte Wilde einer regulären Truppe eine vernichtende Niederlage beigebracht?

Aber das ist drei Jahre später bei Isandhlana auch der Fall gewesen, und wer kennt Isandhlana? Wer hat über diese furchtbare Niederlage, welche die Zulu unter Dabulamansi dort den Engländern am zweiundzwanzigsten Januar achtzehnhundertneunundsiebzig beibrachten, je eingehend geschrieben?

Ist es Tatsache, daß das erste Jahrhundert der Unabhängigkeit der Vereinigten Staaten mit einer solchen Katastrophe schloß?

War es die widerspruchsvolle Gestalt des gefallenen Titular-Generalmajors, des Oberstleutnants Custer, die besonderes Interesse erregte, oder die seines sagenumwobenen Besiegers Tatanka Yotanka, des Sitting Bull?

Was es auch immer gewesen sein mochte, die amerikanische Presse hatte ihre Sensation. Es gab für einige Zeit genügend Stoff zu interessanten Artikeln, und das Ganze hatte den Vorteil, daß man durch allerhand Geschwätz von der grausamen Niederwerfung der freien Indianer ablenken konnte.

Die eigentlichen Hintermänner dieser Politik saßen in der Regierung der Vereinigten Staaten. Sie zogen es vor, im dunkeln zu bleiben.

Wer war General Custer?

Der Name General Custers war in den sechziger und siebziger Jahren des vorigen Jahrhunderts in den Vereinigten Staaten in aller Munde. Auf die Indianerkriege und das, was sich dort im Wilden Westen vollzog, richteten sich die Blicke nicht nur Amerikas, sondern der ganzen Welt. Doch nicht allein der Krieg gegen die Indianer war mit Custers Namen eng ver-

knüpft, sondern auch die Kunde von den Gold- und Silberfunden in den Felsengebirgen Montanas, in den Black Hills, die seine Truppen von einer Expedition in das Indianerterritorium mitbrachten.
Diese Kunde verbreitete sich wie ein Lauffeuer und entfachte ein neues Goldfieber.
Wer war dieser einerseits überschwenglich verherrlichte, anderseits grimmig angefeindete Mann?
George Armstrong Custer wurde am fünften Dezember achtzehnhundertneununddreißig in New Rumley im Staate Ohio geboren. Seine Vorfahren väterlicherseits stammten aus Deutschland und hießen ursprünglich gut deutsch Küster. Die Familie amerikanisierte nach ihrer Einwanderung in die Neue Welt diesen Namen in Custer.
Der Urgroßvater war hessischer Offizier. Der Vater, Emanuel Custer, bebaute sein Land in New Rumley, war Farmer und übte daneben das Handwerk eines Hufschmieds aus. Er führte ein einfaches, auskömmliches Leben wie Tausende anderer gleichartiger Landleute. Die Mutter, Maria Custer, eine geborene Ward, war anglikanischer Herkunft. Die Eltern bereiteten ihrem lebhaften Sohn eine ungetrübte frohe Kindheit. Seinen ersten Unterricht erhielt er in der allgemeinen Schule von New Rumley. Er zeigte sich dabei wohl als begabt, aber durchaus nicht als fleißig. Der Mangel an Fleiß machte sich später noch ungünstiger bemerkbar, als er mit siebzehn Jahren die Militärakademie der Vereinigten Staaten in West Point im Staate New York von achtzehnhundertsiebenundfünfzig bis achtzehnhunderteinundsechzig besuchte. Obgleich ihm sein sehnlichster Wunsch, die militärische Laufbahn einzuschlagen, von seinen Eltern er-

füllt worden war, widmete er sich bei allen seinen Fähigkeiten den ernsthaften Studien nur in höchst unzulänglicher Weise. Ganz in seinem Element aber war er, wenn es galt, sich mit seinen Kameraden bei kecken Schnurren und Schwänken und bei tollen Streichen in jugendlichem Übermut hervorzutun. So geschah es, daß er von vierunddreißig Absolventen der Militärakademie in West Point als schlechtester und letzter mit knapper Not die Abschlußprüfung bestand und damit das Offizierspatent erhielt.
Bald jedoch sollte es sich zeigen, daß in dem jungen Leutnant tatsächlich militärische, hauptsächlich kavalleristische Fähigkeiten lebendig waren, die die Aufmerksamkeit seiner Vorgesetzten auf ihn lenkten. So nahm er gleich nach seiner Ernennung zum Offizier im amerikanischen Bürgerkrieg an der Schlacht am Bull Run in Virginia im Sommer achtzehnhunderteinundsechzig mit Auszeichnung teil und wurde nach weiteren militärischen Erfolgen bereits im Jahre achtzehnhundertzweiundsechzig Oberleutnant. Er avancierte ungewöhnlich schnell nach den Schlachten bei Aldie, Gettysburg und in Virginia infolge seiner Bravour, so daß er bereits achtzehnhundertdreiundsechzig als Auszeichnung den Ehrenrang Brigadegeneral erhielt. Nachdem er achtzehnhundertvierundsechzig seine Jugendliebe Elisabeth Bacon, die Tochter eines Richters in Monroe, geheiratet hatte, rief ihn Sheridan, der berühmte Reitergeneral und Befehlshaber der Kavallerie im amerikanischen Bürgerkrieg, in seine unmittelbare Nähe. Custer wurde sein Adjutant. Nach den Schlachten bei Yellow Tevern und bei Winchester, vor allem aber nach der Schlacht bei Richmond im Frühjahr achtzehn-

hundertfünfundsechzig, in der er die Truppen der Sezessionisten unter General Lee verfolgte und schlug, und schließlich als er im Anschluß daran am neunten April desselben Jahres den Widerstand General Gordons endgültig brach, war Custer im ganzen Lande bekannt.

Custer war damals sechsundzwanzig Jahre alt. Er stand also schon in jungen Jahren auf dem Höhepunkt seiner militärischen Laufbahn. Seine Eitelkeit wuchs, was sich sogar in seinem Äußeren auffällig bekundete. Er machte einen stattlichen Eindruck: groß, schlank, mit blondem, lang herabfallendem Haar, blondem Schnurrbart und leuchtendblauen Augen. Diese Vorzüge unterstrich er noch durch eine seltsame, ja theatralische Tracht. Seine Generalsuniform ließ er aus grausamtenem Stoff anfertigen. Sie war verziert mit vielen goldenen Schnüren und Tressen. Außer seinem breitkrempigen, am Aufschlag mit goldener Kokarde geschmückten Hut verlieh ihm ein feuerrotes Halstuch ein besonders verwegenes und abenteuerliches Aussehen.

Nach Beendigung des Bürgerkrieges begann die Zeit seines Mißgeschicks. Wohl gelangen ihm noch einige Bravourtaten, sie deuteten aber bereits unverkennbar den absteigenden Ast seiner Laufbahn an. Unter anderem suchte er noch im Sommer achtzehnhundertfünfundsechzig im mexikanischen Heer eine führende Position zu erlangen, was ihm jedoch von Washington aus nicht erlaubt wurde. General Sheridan übertrug ihm aber das Kommando des neugegründeten siebenten Kavallerieregiments mit dem Range eines etatmäßigen Oberstleutnants. Custer beteiligte sich als Befehlshaber dieses Regiments an den ergebnislosen Kriegszügen gegen die Indianer im Jahre achtzehnhundertsiebenundsechszig und wurde, für das Mißlingen dieses Feldzuges verantwortlich gemacht, vor ein Kriegsgericht gestellt und für die Dauer eines Jahres aus dem Heer entlassen. Achtzehnhundertachtundsechzig betraute ihn Reitergeneral Sheridan erneut mit dem Kommando über das siebente Kavallerieregiment. Custer zog abermals gegen die Indianer und überfiel im Herbst die Cheyenne bei Washita unter ihrem Häuptling Black Kettle, der dabei den Tod fand. Dieser heimtückische Überfall wurde im Lande gewaltig aufgebauscht, als „großer Sieg von Washita" gefeiert und dazu benutzt, Custers etwas brüchig gewordenes Ansehen wiederherzustellen.

Was hatte sich bei Washita ereignet? Dort wurde das Lager der friedliebenden und weißenfreundlichen Black-Kettle-Indianer, die hier ihre Tipis aufgeschlagen hatten und ihre Pferde weiden ließen, plötzlich überfallen. Sie mußten fliehen und ihre gesamte Habe sowie ihre Pferde zurücklassen. Man weiß, daß der berittene Indianer ohne Pferd ein hilfloser Mann ist. Auf dem Rücken seines Pferdes verfolgt er seine Jagdbeute, es ist ihm Helfer in allen friedlichen und kriegerischen Diensten, Retter in Gefahr, mit einem Wort, sein zuverlässigster Freund. Er umsorgt und liebt es ebenso wie Weib und Kind und wie seine indianischen Brüder.

Und was tat Custer bei Washita? Nach dem Überfall auf die Cheyenne ließ er die von den Indianern bei der Flucht zurückgelassenen Pferde erschießen. Auf diese Weise wurden über achthundert Pferde sinnlos abgeschlachtet. Custer wollte damit die Indianer an

ihrer empfindlichsten Stelle treffen. Die Geflüchteten hatten sich in den nahen Wäldern verborgen und sahen von dort aus den scheußlichen Pferdemord. Diese Untat konnten sie dem General niemals vergessen.
Im Jahre achtzehnhundertvierundsiebzig sollte Custer die Black Hills nach Gold und Silber durchforschen. Das Kriegsministerium erteilte ihm dazu ausdrücklich den Befehl und stellte ihm zu diesem Zwecke eintausendzweihundert Mann zur Verfügung. Dieses Vorgehen fand bei den Indianern, denen durch amtliche Abmachungen die Unverletzlichkeit ihres Gebietes zugesichert worden war, schroffe Ablehnung. Sooft es ihnen möglich war, versuchten sie, diese bewaffneten Expeditionen, bei denen auch wirklich Gold festgestellt wurde, das ungezählte Abenteurer und Glücksritter herbeilockte, zu stören und zu schädigen. Wie der Pferdemord bei Washita, so gaben diese Goldfunde Custers weiteren Anlaß dazu, daß sich die Dakota mit den Cheyenne immer enger und fester zusammenschlossen, um sich auf einen Gegenschlag vorzubereiten. Der Indianerkrieg brach darauf auch im Jahre achtzehnhundertsechsundsiebzig in weit größerem Umfange als vorher erneut aus. Es kam zur Schlacht am Little Big Horn. Hier rächten sich die Indianer für den Pferdemord, für den Goldraub, für die Vertragsbrüche. Hier erhob sich noch einmal, ehe sie dann später völlig unterworfen wurden, ihre ursprüngliche Kraft.
Am Little Big Horn schlugen sie ihren bestgehaßten Feind, General Custer, der hier am blutgezeichneten fünfundzwanzigsten Juni achtzehnhundertsechsundsiebzig im Alter von sechsunddreißig Jahren fiel.

Wie es zu dem Feldzug kam

Forscht man nach den Ursachen des Feldzugs von achtzehnhundertsechsundsiebzig, so stößt man zunächst wieder auf einen offensichtlichen Vertragsbruch der amerikanischen Regierung. Der Amerikaner Brown schrieb darüber:
„Der feierliche Vertrag zwischen den Vereinigten Staaten und den Indianern aus dem Jahre achtzehnhundertsechsundsiebzig behielt den letzteren ausschließlich und für immer ein Gebiet vor, das jetzt die Dakotastaaten und Wyoming umschließt. Ein Teil dieses Vertrages lautet: ‚Die Regierung der Vereinigten Staaten wünscht Frieden, und hiermit ist ihre Ehre zum Pfand gesetzt, ihn zu halten.‘ Trotz dieser Versprechung wurden ‚wissenschaftliche, schwerbewaffnete Forschungsunternehmungen‘ in dieses Indianergebiet gesandt. Sie entdeckten Gold, und die Weißen brachen ein. Ackerlandspekulanten folgten und ließen sich nieder. Es war die alte Geschichte von Gier und Eroberung. Eine Woge rauschte unwiderstehlich westwärts und ‚zivilisierte‘ alles vor sich her: beraubte Mexiko, brachte Indianer um ihre Länder ... errichtete die weiße Oberhoheit unter dem einen oder anderen Vorwand ... Die Indianer sahen ihr Land widerrechtlich besetzt, die Büffel, ihre Hauptquelle für Nahrung, Kleidung, Unterkunft, abgeschossen. Natürlich waren sie von Groll erfüllt. Sie erschlugen einige Eindringlinge, und das führte zu dem Straffeldzug von achtzehnhundertsechsundsiebzig, geleitet in Chicago von General Sheridan, weiter im Westen von den Generalen Crook, Terry und Gibbon.“

Eine ganze Reihe kleiner Schikanen und unmöglich zu erfüllender Forderungen der Regierung machten den Indianern das Leben schwer.
Die USA-Regierung nahm im Jahre achtzehnhundertsechsundsiebzig entschieden Kurs auf eine gewaltsame Unterwerfung der Indianer, die aber aus allen Kräften einen Krieg zu vermeiden suchten. Erst als keine andere Wahl mehr blieb, trafen die Indianer ihrerseits die notwendigen Vorbereitungen.
Sitting Bull, der indianische Hauptorganisator, versuchte, Feuerwaffen, Munition und Pferde in Mengen zu beschaffen, und hatte auch trotz aller Schwierigkeiten ziemlich guten Erfolg, nur war die Bewaffnung der Indianer nicht einheitlich, und der Munitionsnachschub bildete ein schweres Problem.
Die Regierung hatte Ende achtzehnhundertfünfundsiebzig die Forderung aufgestellt, alle Indianer sollten sich bis zum einunddreißigsten Januar achtzehnhundertsechsundsiebzig in den ihnen angewiesenen Reservationen stellen, widrigenfalls sie als Feinde behandelt würden. Diese Aufforderung erreichte manchen Stamm viel zu spät und manchen überhaupt nicht, denn der Winter hatte sehr zeitig eingesetzt, war außerordentlich hart und lang, mit ungewöhnlich viel Schnee.
Einzelne Verbände zogen trotzdem los, versuchten das Unmögliche, wie beispielsweise die Cheyenne und Oglala unter ihren Häuptlingen Two Moons und Crazy Horse mit insgesamt sechsundneunzig Tipis, die etwa zweihundertfünfzig Männer mit ihren Angehörigen beherbergten. Sie waren bis zum Powder Ri-

ver gekommen, als Oberst Reynolds am frühen Morgen des siebzehnten März achtzehnhundertsechsundsiebzig mit weit überlegener Truppenmacht das Lager überfiel. Halbnackt fuhren die Cheyenne aus dem Schlaf auf. Die Frauen flohen mit den Kindern zu den in der Nähe liegenden Felshöhlen, gedeckt von den nur mangelhaft mit Feuerwaffen ausgerüsteten Männern. Das Lager wurde mit allem Inhalt verbrannt. Mit siebenhundert erbeuteten Pferden trat Reynolds „wegen starker Kälte und Nahrungsmittelknappheit" einen hastigen Rückzug an. Viele mollig warme Bisonfelle und mehrere tausend Pfund gutes Trockenfleisch hatte man mit den Zelten verbrannt.

Die Cheyenne aber unter ihrem jungen, energischen Führer nahmen, als Frauen und Kinder in Sicherheit waren, die Verfolgung der Soldaten auf. Während ein Teil die Frauen und Kinder auf dem Abmarsch begleitete, blieben etwa zweihundert dieser Tapferen, nur mit Lendentuch und Beinlingen bekleidet, den Soldaten den ganzen Tag auf den Fersen, holten sämtliche Pferde wieder zurück, und eben als sich Reynolds bei General Crook meldete, nahmen sie den Truppen noch ihr Proviantvieh weg. Schwer verärgert mußte Crook wegen Mangels an Nahrungsmitteln und wieder einsetzender starker Kälte nach dem Fort Fettman zurück.

Der Häuptling Two Moons aber stieß mit seinem ganzen Stamm zu Sitting Bull.

Er war in einer allgemeinen Zusammenkunft als Führer gewählt worden. Da die Regierung beschloß, den Feldzug erst bei günstigerem Wetter wieder aufzunehmen, gewann er Zeit und außerdem ständig

neue Mannschaften.
Die Generale waren vorsichtig geworden. Der siebzehnte März hatte gezeigt, daß mit diesen Indianern nicht zu spaßen war. Man traf bessere Vorbereitungen und beschloß, gleichzeitig von drei verschiedenen Punkten aus gegen die Indianer vorzurücken. Der Plan stammte von Department-Commander General Sheridan: General Terry hatte die Leitung der beiden von verschiedenen Punkten her operierenden Nordabteilungen im Feld; General Crooks Truppen, neu ausgerüstet, sollten abermals von Süden her vorrücken.
Sheridan hatte den Plan in seinem Hauptquartier in Saint Louis ausgeheckt. Er vergaß nur, daß es in der Prärie etliche Indianerführer gab, die ihm an Strategie mindestens ebenbürtig waren.
Als erster marschierte General Gibbon mit insgesamt vierhundertfünfzig Mann am ersten April von Port Ellis ab. Sein Marsch ging am Yellowstone River auf dem Nordufer flußabwärts; er sollte ein Ausweichen der Indianer nach Norden verhindern.
Der Oberkommandierende der Nordabteilungen, General Terry, traf mit Custer am zehnten Mai im Fort Abraham Lincoln, der Garnison des siebenten Kavallerieregiments, ein. Dieses Fort lag damals auf dem rechten Ufer des Missouri; es wurde erst viele Jahre später auf das linke Ufer verlegt. Custer, der seinerzeit gehofft hatte, das Oberkommando zu erhalten, mußte sich damit begnügen, seine alte Einheit, das siebente Kavallerieregiment, unter General Terrys Oberbefehl zu führen. Er sann nur darauf, von Terry bei passender Gelegenheit loszukommen und den Feldzug allein zu entscheiden. Das sprach er offen

und ohne Scheu aus.

Bei Terrys und Custers Ankunft lag das Regiment schon in einem Marschlager etwa fünf Kilometer unterhalb des Forts Lincoln. Im Fort selbst lagen vier Kompanien Infanterie unter Major Moore, eine weitere Infanteriekompanie und eine Batterie von vier leichten Gatlingkanonen, die von einem Zug unter den Leutnants Low und Kinzie bedient wurden. Einschließlich der Spähertrupps und des Trains betrug die Streitmacht etwas über tausend Mann.

General Crooks im Fort Fettman im Süden neu aufgestellte Truppe, die er unabhängig von Terry, aber mit diesem im taktischen Zusammenwirken führen sollte, bestand aus zehn Eskadronen Kavallerie, sechs Kompanien Infanterie und etwa dreihundert Schoschonen und Crow, insgesamt rund eintausendvierhundert Mann.

Nach längerer Verzögerung durch schlechtes Wetter marschierte die Expedition Terry-Custer am siebzehnten Mai vom Fort Lincoln ab. Eine Infanteriekompanie und die Geschütze zogen auf dem beabsichtigten Landweg voraus. Major Moores Infanterieabteilung wurde auf dem Dampfer „Far West" den Missouri hinauf nach Stanleys Stockade, ihrem vorläufigen Bestimmungsort, befördert.

Das siebente Kavallerieregiment zog noch einmal mit klingendem Spiel zu einem kurzen Abschiedsaufenthalt ins Fort, und dann ging es westwärts den Little Heart River aufwärts.

Schon im ersten Lager gab es keine richtige Nachtruhe; überall flammten durch Fahrlässigkeit verursachte Präriefeuer auf, und immer wieder mußten die Soldaten die sich dem Lager bald da, bald dort nähernden Flammen bekämpfen. Dazwischen war Löhnungsausgabe; der Zahlmeister hatte bis hierher mitkommen müssen. Custer wollte dadurch verhindern, daß die Soldaten in Abschiedsstimmung ihr Geld verjubelten. Mit der Löhnung für zwei Monate in den Taschen krochen sie murrend in ihre Zelte. Hier konnten sie mit ihren Dollars nichts anfangen.

Besondere Ereignisse gab es auf dem Marsch nicht. Einmal wurde eine indianische Lagerspur gefunden, aber nicht verfolgt. Man vermutete die Hauptmacht der Indianer am Little Missouri. Am neunundzwanzigsten Mai wurde dieser Fluß erreicht, ohne daß weitere Spuren entdeckt wurden.

Am gleichen Tag marschierte General Crook mit seiner Expedition vom Fort Fettman auf dem gleichen Weg wie im März nach Norden.

Am dreißigsten Mai unternahm Custer mit vier Eskadronen Kavallerie und einem Dutzend Arikara-Scouts einen Erkundungsritt zwanzig Meilen am Little Missouri hinauf, ohne jedes Ergebnis. Am einunddreißigsten Mai wurde der Little Missouri überschritten, und die Kolonne lagerte am Sentinel Buttes.

Als am frühen Morgen des ersten Juni die Hörner zum Wecken bliesen, blinzelten die überraschten Soldaten in eine Winterlandschaft. Ein Schneesturm pfiff vom Westen her; zwei Tage lang wirbelten die Flocken um die Kuppen des Sentinel Buttes und hielten die Truppen im Lager fest. Erst am dritten Juni schmolz der Schnee so schnell, wie er gekommen war. Das Land trocknete rasch ab, und der Marsch konnte wieder aufgenommen werden. Aber schon waren durch den unvermuteten Aufenthalt die

Rationen knapp geworden.
Einige Späher Gibbons, der die Mündung des Tongue River erreicht hatte, brachten die Nachricht, daß auch ostwärts vom Powder River keine Indianer aufgespürt worden seien. Terry sandte den Befehl an Gibbon, am erreichten Platz zu bleiben, und ließ Major Moore bitten, ein Boot mit Proviant an die Mündung des Powder River zu senden.
Es folgte ein schwieriger Marsch den Beaver Creek aufwärts und dann westwärts bis zum Powder River, der am siebenten Juni fünfundzwanzig Meilen oberhalb seiner Mündung erreicht wurde. Terry ritt am achten Juni mit zwei Eskadronen nach der Mündung des Powder River, wo er den Dampfer „Far West" und das erbetene Proviantboot fand. Kurz nach Terrys Ankunft traf auch General Gibbon ein, der mit einer Eskadron Kavallerie seiner Kolonne vorausgeritten war. Er hatte nichts Besonderes zu berichten: Der die Späher führende Leutnant Bradley hatte am fünfzehnten Mai viel Rauch im Tongue-River-Tal festgestellt, er vermutete dort ein großes Lager. Am siebenundzwanzigsten Mai hatte man in den Wolf Mountains ebenfalls Rauch bemerkt; ein Spähertrupp stellte von einer Höhe aus ein großes Lager fest. Man hatte außerdem ein paar kleinere Schießereien mit Indianern gehabt und einige Soldaten dabei verloren.
General Gibbon erhielt Befehl, bis zur Mündung des Rosebud River zurückzumarschieren, und General Terry kehrte am zehnten Juni zu seinem Haupttrupp zurück, in den nun Leben kam. Noch am Nachmittag brach Major Reno mit sechs Eskadronen des siebenten Regiments, einer Gatlingkanone und einem

Maultierzug zu einer größeren Erkundung auf. Minton „Mitch“ Bouyer, ein Halbblutspäher Gibbons, führte als zuverlässiger Landeskundiger. Reno sollte bis zur Gabelung des Powder River ziehen, den Lauf des Mizpah Creek absuchen, die Wasserscheide überschreiten und den Tongue River abwärts bis zur Mündung marschieren.
Am selben Tage machte der Oglala-Häuptling Crazy Horse mit einigen Schützen einen Feuerüberfall auf Crooks Lager am Goose Creek im Oberlaufgebiet des Tongue. Es wurden ein paar Salven gewechselt; als Crooks Truppen zum Gefecht aufrückten, verschwanden die Indianer wieder. Crazy Horse hatte Crook einige Zeit zuvor warnen lassen: „Wagt euch nicht über den Tongue River, wir greifen sonst an!“ Nun hatte er gezeigt, daß er auf dem Posten war. Die indianischen Schützen kehrten in ihr Hauptlager am mittleren Tongue River zurück.
General Terrys Kolonne brach am elften Juni vom Lager am Powder River auf. Terry nahm des schwierigen Geländes wegen an, man würde bis zur Mündung in den Yellowstone zwei Tage brauchen; Custer aber trieb die ganze Kolonne einschließlich der schwerbeweglichen Wagen bis zum Abend desselben Tages an den Bestimmungsort: Es waren fünfundzwanzig Meilen schwierigsten Geländes ohne Wege. Der Proviant war restlos aufgebraucht. Gut, daß Terry den Dampfer „Far West“ getroffen und sofort nach Stanleys Stockade um Nachschub gesandt hatte. Die Vorräte trafen dann rechtzeitig ein.
Es vergingen ein paar sehr geschäftige Tage mit der Errichtung des endgültigen Nachschublagers.
Am fünfzehnten Juni früh brach Custer mit der Ka-

vallerie nach dem Tongue River auf, der am folgenden Tag abends erreicht wurde. Man fand dort einige Bestattungsgerüste von Indianern. Die Soldaten rissen sie um und plünderten sie, genau wie zweieinhalb Jahrhunderte früher ihre Vorfahren im Osten, die frommen Puritaner, es schon getan hatten.
Major Reno war inzwischen weiter gegangen, als ihm befohlen worden war. Er hatte im festgelegten Raum keine Spuren gefunden, war weiter westwärts bis zum Rosebud River marschiert, war dort auf eine sehr starke Indianerzugspur gestoßen und hatte sie verfolgt. Nachdem festgestellt worden war, daß die Spur am Rosebud aufwärts und dann plötzlich scharf nach Westen, wahrscheinlich ins Tal des Little Big Horn, führte, war Reno wieder am Rosebud abwärts marschiert. An der Mündung dieses Flusses am neunzehnten Juni angekommen, fand er am Nordufer des Yellowstone General Gibbon mit seiner Truppe; diesem vermittelte er durch Flaggensignale das Ergebnis seines Erkundungsmarsches, sandte einen Boten mit einem Bericht an Terry voraus und trat dann den Marsch zum Tongue River an. Der Bote traf am Abend des neunzehnten Juni bei Terry ein, der ihn wieder zu Reno schickte mit dem Befehl, die Ankunft Custers mit der anderen Hälfte des Regiments abzuwarten. General Terry selbst fuhr auf der „Far West“ den Yellowstone aufwärts.
Am Zwanzigsten gegen Mittag, etwa in der Mitte zwischen der Tongue- und Rosebud-Mündung, trafen die beiden Regimentshälften zusammen. Custer scheint hier Major Reno Vorwürfe gemacht zu haben, nicht weil er weiter gegangen war, als Terrys Befehl lautete, sondern weil er nicht noch weiter gegan-

gen war und die Indianer nicht verfolgt hatte.
„Wenn das Lager nach Aussagen Ihrer Späher in eineinhalb Tagen erreichbar war, dann hätte ich an Ihrer Stelle die Indianer verfolgt und gestellt. So aber ist viel kostbare Zeit verlorengegangen!“ Das waren etwa seine Worte.
Bei Custers Veranlagung ist jedoch mit größter Wahrscheinlichkeit anzunehmen, daß Reno, wenn er dies wirklich getan und Erfolg gehabt hätte, dem unversöhnlichen Neid Custers ausgesetzt gewesen wäre.
Nach dem Wortlaut des Befehls war der Zweck seines Marsches, Indianer festzustellen, und diesen Zweck hatte Reno erreicht, wenngleich unter Abweichen von dem befohlenen Marschweg. Aber wenn er greifbare Ergebnisse bringen wollte, hatte er keine andere Wahl gehabt.
Am zwanzigsten Juni kampierte das Regiment unterhalb der Mündung des Rosebud; gegenüber, auf dem Nordufer des Yellowstone, lagerte Gibbons Truppe.
Am Mittag des einundzwanzigsten Juni fuhr der Dampfer „Far West“ mit Terry an Bord am Lager des siebenten Kavallerieregiments vorbei nach dem Nordufer; Terry überbrachte Gibbon selbst den Befehl, seine Kolonne sofort nach der Mündung des Big Horn River in Marsch zu setzen. Gibbon blieb bei Terry an Bord des Dampfers, und bevor dieser das Lager des siebenten Regiments am Südufer des Yellowstone erreicht hatte, war Gibbons Kolonne schon unterwegs.
Custer, der die Ankunft des Dampfers erwartete, ging eilends an Bord, als die „Far West“ kaum festgemacht hatte.

In Terrys Kabine wurde der letzte Kriegsrat gehalten.
Von Crook, der von Süden her vorstoßen sollte, wußte man nichts. Das machte aber nichts aus; Crook hatte rund tausend Mann reguläre Truppen und fast dreihundert verbündete Indianer. Keiner von den dreien auf der „Far West“ hatte Kenntnis von der Schießerei am zehnten Juni, keiner eine Ahnung, daß Crook am siebzehnten Juni mit den Indianern zusammengetroffen und, nur knapp einem vernichtenden Schlag entronnen, schon wieder auf dem Rückmarsch nach Süden war. Nein, sie wußten nicht das geringste; aber Terry rechnete klugerweise nicht mit Crook.
Custer sollte mit seinem Regiment am Rosebud aufwärts marschieren, die von Reno gefundene Spur verfolgen und, wenn sie, wie vermutet, ins Tal des Little Big Horn abbog, weiter nach Süden gehen, um Terry und Gibbon mit der Infanterie genügend Zeit zu geben, nach der Mündung des Little Big Horn zu marschieren. Terry hoffte, dort am siebenundzwanzigsten Juni einzutreffen. Als die Herren die Kabine verließen, fiel allen Außenstehenden eine Veränderung Custers auf; er war sehr schweigsam und seine Miene außergewöhnlich ernst, fast düster. Und nun ereigneten sich eine Reihe seltsamer Dinge.
Gibbon hatte Custer schon einige Tage zuvor seinen besten und landeskundigsten Scout, den Halbblutspäher Mitch Bouyer, überlassen. Jetzt gab er ihm dazu noch sechs seiner besten Absaroka-Scouts und den Späher George Herendeen, der den Tullock Creek genau kannte.
Während der Besprechung in Terrys Kabine hatten

sich im Salon des Bootes eine Anzahl anderer Offiziere über den Feldzug unterhalten, und viele waren es nicht, die Custer freundlich beurteilten. Custer war noch auf dem Boot; in tiefes Nachdenken versunken hielt er sich allein auf dem Vorderdeck auf. Major Brisbin ließ sich nun bei Terry melden und schlug diesem vor, Custer noch die vier Eskadronen Kavallerie mitzugeben, außerdem sollte er selbst, Terry, die Führung des Zuges übernehmen. Terry lehnte erst ab, aber der unerschrockene Brisbin wurde dringlich, und Terry fragte schließlich mit einer bei ihm gänzlich ungewohnten Schärfe:
„Sie scheinen kein Vertrauen zu Custer zu haben?"
„Um die Welt keines! Ich habe überhaupt nichts für ihn übrig", erwiderte Brisbin mit grober Ehrlichkeit.
Nach einigem Zögern sagte Terry: „Machen Sie ihm immerhin den Vorschlag, wenn Sie wollen, und sehen Sie, was er dazu sagt."
Brisbin ging sofort nach dem Vorderdeck und sprach mit Custer. Dieser lehnte ziemlich brüsk ab: „Das siebente Regiment wird allein mit allem fertig, was ihm begegnet!"
Auch Leutnant Lows Angebot, die Gatlinggeschütze mitzunehmen, schlug Custer rundweg ab. Er verließ den Dampfer und ging zu seinem Zelt.
Noch während sich Offiziere und Mannschaften über die Veränderung in Custers Wesen wunderten, geschah abermals etwas Ungewöhnliches. Terry erschien vor Custers Zelt; Custer, der noch keinen schriftlichen Marschbefehl hatte, begrüßte ihn, und es entwickelte sich folgendes Gespräch:

Terry: „Custer, ich weiß nicht, was ich zu guter Letzt noch sagen soll."
Custer: „Bitte, sagen Sie, was Sie zu sagen wünschen."
Terry: „Tun Sie, was Sie nach Ihrem Ermessen für das Beste halten, wenn Sie auf die Spur treffen; aber was Sie auch tun mögen, lassen Sie Ihre Verwundeten nicht im Stich!"
Ob der empfindliche Custer dies als Anspielung auf Majors Elliots Schicksal vor fast acht Jahren in der Washita-Schlacht auffaßte?
Elliot war damals mit dem Ruf: „Hier geht's um Beförderung oder um einen Sarg" hinter einigen flüchtenden Cheyenne hergejagt und, von Custer im Stich gelassen, nicht zurückgekehrt.

Indianer in Sicht

Der Plan sah folgendes vor: Custers Regiment bricht am zweiundzwanzigsten Juni auf. Terry und Gibbon mit einem gemischten Kommando Kavallerie und Infanterie folgen auf kürzerem Wege langsamen Schrittes. Alle vereinigen sich an der Mündung des Little Big Horn.
In den Tagen vor dem Aufbruch war das ganze Lager mit Vorbereitungen beschäftigt. Auf einer rohen Karte der unbesiedelten Region, die durchquert werden mußte, zeichneten die Offiziere die Marschwege der beiden Abteilungen ein. Das war übrigens die einzige Karte, die man im Hauptquartier von General Terry auftreiben konnte.
Früh am Morgen des zweiundzwanzigsten Juni

machte sich das siebente Regiment marschfertig. Es wurden keine Zelte, keine Wagen mitgenommen; nur das allernotwendigste Gepäck, Munition und für fünfzehn Tage „eiserne Rationen“ verpackte man auf Maultiere. Es gab ein tolles Durcheinander, und durch den Tumult stolperte hastig eine Ordonnanz Terrys zu Custers Zelt. Sie brachte den schriftlichen Marschbefehl.

Custer wollte am Tag dreißig Meilen marschieren. Sein Vorgesetzter, General Terry, schätzte, daß die Infanterie ungefähr bis zum sechsundzwanzigsten Juni brauchen würde, um Custer an dem festgelegten Punkt zu treffen, wo sich alle Abteilungen vereinigen sollten. Das Datum für ihr Zusammentreffen war also festgelegt.

Punkt zwölf Uhr mittags am zweiundzwanzigsten Juni achtzehnhundertsechsundsiebzig verabschiedete sich das siebente Kavallerieregiment der Vereinigten Staaten unter seinem Befehlshaber Oberstleutnant Custer von Terry und Gibbon und marschierte wohlgemut in die unbekannte Zukunft.

Beim Abschied hatte es einen Wortwechsel zwischen Custer und Gibbon gegeben:

„Seid nicht so selbstsüchtig, wartet auf uns!“ rief ihm Gibbon nach.

Der Lederbekleidete entgegnete in unterdrücktem Ton:

„Ich werde mich hüten!“

Daß die Indianer versuchen würden zu entkommen und daß es seine Pflicht sei, sie wie eine Büffelherde zu umzingeln, war eine unerhörte Anmaßung Custers. Als das siebente Kavallerieregiment das rechte Ufer des Rosebud River hinaufzog, marschierten vor ihm ungefähr vierzig Arikara, kurz Ree genannt, und Crow-Scouts, Feinde der Dakota. Die Spuren der Indianer waren bald ausfindig gemacht; in jedem trokkenen Strombett fanden sie Reste eines früheren indianischen Lagers: Am Boden lagen Knochen und Fetzen von Büffelhaut, beinahe jedes Grashälmchen war von den indianischen Ponys abgefressen worden. Im ganzen Tal fanden sich Schleifspuren von Stangen, die den Dakota zum Aufstellen der Tipis gedient hatten.

Nach Anbruch der Dunkelheit am vierundzwanzigsten Juni kamen die Crow-Scouts zurück und brachten die Nachricht, daß die Dakota das Scheidegebirge zum Tal des Little Big Horn hin überschritten hätten. Sofort wurden alle Trompetenrufe eingestellt, und Custer verpflichtete die Offiziere seiner Truppe, alle Vorkommnisse ihm direkt zu berichten. Er befahl, den Marsch während der Nacht fortzusetzen, was eine starke Anstrengung für die Mannschaft bedeutete. Er wollte das Tal des Little Big Horn unbedingt bei Tageslicht erreichen. Das war für seinen Plan wichtig. Seine alte, vielerprobte Methode war der sogenannte Überraschungsangriff. Scheinbar friedfertig pirschte er sich an seine Opfer heran und schlug dann rücksichtslos zu. Auch bei seinem gegenwärtigen Zug versuchte er, in der Dunkelheit der Nacht seine Bewegungen zu verbergen. Sobald das indianische Lager festgestellt war, wollte er es dann bei Tagesanbruch überfallen, wie er es schon in seinen letzten indianischen Feldzügen, beispielsweise bei Washita, getan hatte.

Ihre Pferde meistenteils führend und sich über heimtückische felsige Schluchten hinwegtastend, kamen die Kavalleristen sehr langsam vorwärts. Um zwei Uhr morgens am fünfundzwanzigsten Juni hielten sie wieder an, um weitere Nachrichten von den Crow-Scouts zu erlangen. Diese naturverbundenen Späher hatte ihre Schritte, ohne zu irren, nach einem hohen, felsigen Punkt gerichtet.

Auf der Spitze des Scheidegebirges, auf dem die ersten Strahlen der Sonne den Anfang des neuen Tages verkündeten, sahen sie vor sich das Little-Big-Horn-Tal. Die aufgehende Sonne schmückte die Hügel mit Gold und Purpur.

Gleich einem silbernen Band floß der Little Big Horn dahin. Infolge der klaren Sicht an jenem Morgen entdeckten die scharfen, geübten Augen der Späher in einer Entfernung von fünfzehn Meilen im Tal den Rauch von zahlreichen Tipis und nahe dabei große Ponyherden. Der Halbblutspäher Mitch Bouyer sandte einen seiner Leute zu Custer, um ihm mitzuteilen, daß das Lager Sitting Bulls gesichtet worden sei.

Custer ließ sein Regiment anhalten und eilte zu dem Auslug, um sich der Mitteilung zu vergewissern. Nach seiner Rückkehr widerlegte er in einer Offiziersversammlung den Bericht des Spähers, dessen Angaben er anzweifelte, da er angeblich durch sein Feldglas das Lager nicht habe entdecken können.

Der Halbblutspäher Bouyer ließ sich daraufhin zu der Bemerkung hinreißen: „Wenn Sie nicht mehr Indianer in diesem Tal finden, als Sie je zuvor gesehen haben, können Sie mich hängen lassen."

„All right, all right", gab Custer zur Antwort, lachte kurz auf und sagte: „Es wäre etwas verdammt Gutes, wenn ich das täte."

Beim Morgenappell stellte sich heraus, daß während der Nacht eines der Maultiere auf dem Pfad eine Kiste mit Nägeln und einen Sack mit Mehl verloren hatte. Nägel und Mehl waren so wertvoll, daß eine kleine Patrouille abgeschickt wurde, um das verlorene Gut zu suchen und wieder herbeizuschaffen.
Eine Meile weiter rückwärts traf diese Patrouille auf einige bemalte und befederte Dakotakrieger, die sich an den verlorenen Sachen zu schaffen machten. Als sich die Soldaten näherten, sprangen die Indianer auf ihre Ponys und flohen über die Berge.
Eine indianische Spur wurde auch oben am Abhang der Schlucht entdeckt, in deren Nähe die Truppen in der Nacht vorher vorbeigezogen waren.
Weitere Versuche, die Bewegungen der Truppen geheimzuhalten, erachtete man nun als überflüssig.
Das siebente Kavallerieregiment kreuzte das Gebirge, und in flottem Trab kamen die Soldaten in das Tal eines kleinen Flusses, der in der Richtung nach dem Little Big Horn floß. Etwa mittags wurde nochmals haltgemacht. Die Truppe war fast die ganzen vorherigen Tage und Nächte hindurch rücksichtslos geritten.
Custer zog sich mit seinem Adjutanten Cooke zurück, und mit Bleistift und Notizbuch teilte er das Regiment in Bataillone zu je drei Eskadronen auf.
Das erste Bataillon mit den Eskadronen A, G, M übergab er Major Reno.
Das zweite Bataillon mit den Eskadronen K, H und D gab er Rittmeister Benteen.
Fünf weitere Eskadronen C, E, F, J, L behielt er für sich.
Benteens Bataillon, zusammen einhundertfünfund-

zwanzig Mann, sollte den Packzug mit den Verpflegungsrationen und dem Munitionsvorrat schützen. Einige Unteroffiziere und mehrere Soldaten aus jeder Kompanie wurden dem Train zugeteilt. General Custer befahl Rittmeister Benteen, sich zur Linken der Regimentsroute zu halten. Das Land in dieser Richtung war sehr zerklüftet, so daß Benteen und seine Leute bald außer Sicht kamen. Der Rest des Regiments marschierte weiter den Fluß hinunter, Custer auf dem rechten, Reno auf dem linken Ufer.

In bedächtigem Schritt zog die Truppe vorwärts, ungefähr neun Meilen weiter, als kurz vor zwei Uhr der Dolmetscher Fred Girard etwas vorausritt, aber plötzlich auf einer Anhöhe nahe an einem einsamen Tipi sein Pferd anhielt. Er wandte sich im Sattel um, winkte mit seinem Hut und wies auf etwa vierzig Dakota mit kriegerischem Kopfschmuck, die am Flußufer entlang davoneilten, und rief triumphierend:

„Hier sind Ihre Indianer. Sie laufen wie die Teufel!"

Sofort befahl Custer den Crow-Scouts, die Dakota zu verfolgen, aber diese weigerten sich. Sogar Custers feste und dann fast flehende Aufforderung, daß sie sofort gehorchen sollten, oder sie müßten ihre Ponys und Gewehre abgeben, konnte sie nicht von der Stelle bringen. Sie entgingen durch ihre Weigerung dem Tod.

Custer gab nun seinem Adjutanten einen Befehl, den er Reno mündlich überbringen sollte. Er lautete: „General Custer weist Sie an, einen schnellen Schritt anzuschlagen, soweit dies möglich ist, und dann anzugreifen!"

Cooke trabte schnell los. Custer grüßte noch mit seinem Hut. Er begab sich an die Spitze seines Bataillons. Sein blondes lockiges Haar hatte die gleiche Farbe wie der Rock. Das scharlachrote Halstuch flatterte im Wind. Er ritt dieselbe Vollblutstute wie bei der Regimentsparade am Tage vor dem Abmarsch aus Terrys Lager.

Der Untergang des Bataillons Reno

Die zwei Bataillone verloren sich aus den Augen. Schneller Trab brachte Reno bald in die Nähe des Little Big Horn, der hier ein Strom von beträchtlicher Breite und Tiefe war. Der Adjutant Cooke ritt, sobald er Custers letzten Befehl übermittelt hatte, mit Major Reno noch bis ans Ufer des Flusses und kehrte dann zurück.

Als die Pfadfinder Renos den Strom erreicht hatten, erklärten sie ihm aufgeregt, daß die Dakota das Tal heraufkämen, um anzugreifen. Der Dolmetscher Girard kannte Custers Annahme, daß der Feind flüchte; er galoppierte deshalb in rasender Eile Custers Adjutanten hinterher, holte ihn ein und teilte diesem in größter Hast mit, daß die Dakota nicht flüchteten, wie er vermutet hatte, sondern mit starken Streitkräften zum Angriff übergingen.

Bald nachher überschritt Reno den Strom und hielt in einem kleinen Wäldchen an, um sein Bataillon wieder zu formieren. Mit den Ree-Scouts zu seiner Linken, mit den Eskadronen A und M in Schwarmlinie und der Eskadron G in Reserve trieb Renos Bataillon die Indianer anscheinend mit Leichtigkeit das Tal hinunter.

Eine unheimliche, sich fortbewegende Staubwolke, verursacht durch die Hufe der zahllosen indianischen Ponys, erhob sich vor ihnen wie ein Vorhang, als sie dem indianischen Lager näher und näher kamen. Sie verfielen in Galopp und verstärkten durch Hinzuziehen von Reserven ihren Angriff.
Plötzlich löste sich mit bemerkenswerter Raschheit die geschlossene indianische Schar auf und strömte nach links und rechts auseinander.
„Was zum Teufel haben sie vor?“ murmelte Reno.
Die Indianer ritten in losen Reihen nach entgegengesetzten Richtungen. Aber mit einem Mal rissen sie auf beiden Flügeln die Pferde herum und jagten geradewegs auf den Abhang zu.
„Damned, sie wollen sich zwischen uns schieben. Leute, wir müssen zurück, beißt die Zähne zusammen, wir müssen um unser Leben kämpfen.“
Auf hundert Meter Entfernung waren die unvergleichlichen indianischen Reiter ebensowenig zu treffen wie fliegende Vögel. Renos Soldaten begannen zu schießen. Der Knall ihrer Schüsse ertrank in dem schrecklichen Kriegsgeheul der Indianer. Es kam wild und gellend näher und näher. Den meisten Soldaten standen die Haare zu Berge, und Reno wurde immer nervöser. Wie die Mustangs sprangen! Dabei überquerten sie die offene Fläche, die Gefahrenzone des Bleihagels, der nicht eine einzige Lücke in ihre jagenden Reihen riß.
Als sie den Rand des Abhangs erreichten, wurden die Gäule auf ihre Hinterbeine zurückgerissen, und mit Blitzesschnelle waren sie sämtlich reiterlos. Die Indianer hatten sich in das Gewirr der Felsen geworfen.

„Recht fein gemacht, das muß ich sagen“, rief Reno laut. „Jetzt haben wir es mit kriechenden Schlangen zu tun. Haltet die Augen offen!“
Wie ernst die Lage war, erkannten die meisten Offiziere. Sie sparten ihr Feuer und wandten ihre ganze Aufmerksamkeit der neuen Gefahr zu. Die Blaujakken zogen sich langsam zurück. Sie begannen einen gefahrvollen Rückzug. Es peitschten Schüsse von rückwärts. Die Kugeln prallten auf den Steinen ab und pufften weiße Staubwölkchen in die Luft.
Die Indianer zu beiden Seiten glitten wie Eidechsen in dem Labyrinth der Felsblöcke. Jeder von den Soldaten wußte, daß die Indianer unablässig vorrückten, schleichend, kriechend, sich schlängelnd von Fels zu Fels, von Baum zu Baum, die Sicht des Feindes vermeidend.
Bloody Knife, der an der Seite von Reno blieb, wurde von einer Kugel in die Stirn getroffen und fiel tot vom Pferd. Reno ging der Tod dieses Kundschafters sehr nahe, aber er ritt rasch weiter und hielt die Truppe zusammen, die im Begriff war, sich aufzulösen. Der Kugelregen prasselte auf den Pfad, denn die Indianer schossen aus höher gelegenen Positionen. Die grelle Sonne brannte auf das Schlachtfeld. Steine und Flinten waren so heiß, daß man sich die Finger an ihnen hätte verbrennen können. Kein Lüftchen rührte sich.
Endlich gewährten die hohen Wälder den Soldaten Zuflucht. Der Major ließ die Kavalleristen absitzen und zu Fuß weiterkämpfen. Zwei Melder, die Reno an Custer sandte, um diesen von seiner Not zu informieren, kamen nicht durch die feindlichen Reihen und kehrten zurück. Als ein Halbblutkundschafter

angewiesen wurde, Custer eine Botschaft zu überbringen, zeigte er mit seiner Hand auf die angreifenden Indianer hinter sich und schüttelte den Kopf, mit der kurzen, bedeutungsvollen Bemerkung: „Kein Mann kann lebend dort hindurchkommen!"

Die letzte schwache Hoffnung auf Entsatz durch General Custer war jetzt dahin.

Die Dakota kamen langsam durch die Wälder. Die Reservemunition in den Satteltaschen der Soldaten war angerissen worden, meistens schon verbraucht. Die Kavalleristen sahen sich fast umzingelt. Major Reno wurde erst jetzt klar, daß er absichtlich in das Tal gelockt worden war. Wenn er seinen Angriff fortgesetzt hätte, wäre sein ganzes Kommando verloren gewesen, weil er vor der gesamten indianischen Streitmacht stand. Es gab für ihn keine Wahl mehr, er mußte den Rückzug antreten.

Als die Kavalleristen wieder im Sattel saßen, zogen sie ihre Revolver, schossen und galoppierten weiter zurück. Die Kolonne erreichte das felsige Flußufer in vollem Lauf. Es lag ziemlich sechs Fuß höher als der Fluß, und viele Pferde scheuten sich hinabzuspringen. Bei diesem Rückzug fielen neunundzwanzig Amerikaner. Die Überlebenden kletterten jenseits des Flusses keuchend das steile Ufer hinauf. Einige verwundet, einige ohne Pferde, nur mit wenig Munition versehen. Charley Reynold, Custers bester Scout, erhielt eine Kugel in die Brust. Renos Adjutant, Leutnant Hodgson, wurde beim Flußübergang schwer verwundet. Ein Trompeter reichte ihm seinen Steigbügel und zog ihn an das andere Ufer. Dort verteidigte er sich mit seinem Revolver, bis eine Kugel seinem Leben ein Ende setzte. Auch der Arzt Dr. Wolf

fiel.
Am anderen Ufer formierten sich die Reste der Bataillone erneut, um sich so gut wie möglich gegen den zu erwartenden weiteren Angriff der Dakota zu verteidigen. Hätten die Indianer Reno über den Fluß verfolgt und den Angriff sogleich fortgesetzt, so wäre ohne Zweifel kein einziger Mann von seinem Kommando übriggeblieben. Doch es sollte anders kommen. Als sich Reno über den Fluß zurückgezogen hatte, jagte der erfolgreiche Indianerhäuptling Gall zurück. Er verband sich mit den Häuptlingen Crazy Horse und Two Moons, die ihre Kriegslieder sangen.

„Es ist ein großer Tag zum Kämpfen,
es ist ein großer zum Sterben.
Starke Herzen, tapfere Herzen an die Front.
Schwache Herzen und Feiglinge nach hinten.“

Die Oglala und Cheyenne, die einstigen Überfallenen von Washita, kämpften an diesem Tag mit besonderer Tapferkeit.
Major Renos kleine Schar stand wie angewurzelt, erschüttert, fast ohne Munition, sie hatte sich in ihr Schicksal ergeben. Sie erwartete jeden Augenblick den letzten Angriff, dem sie unmöglich hätte widerstehen können. Aber da wurde die Aufmerksamkeit des größten Teils der Indianer durch irgendeinen Vorgang abgelenkt.
Immer wieder drängte sich den Soldaten Renos die Frage auf, warum Custer nicht kam, der sie doch mit seiner ganzen Macht unterstützen wollte.
Rittmeister Benteen hatte kurz vor sechzehn Uhr durch den Trompeter Martin eine Nachricht von Custer erhalten. Auf seinem gefährlichen Ritt zu Ben-

teen war der Trompeter von Indianern beschossen worden. Sein getroffenes Pferd blutete stark. Er selbst war sehr erschöpft.
Benteen las den von Martin überbrachten Zettel. Die Botschaft Custers lautete: „Benteen, komme schnell! Großes Lager. Beeile dich! Bringe die Packpferde mit!"
Das Bataillon ritt dem Schall der Schüsse nach, um General Custer zu suchen.
Hinter einer Bodenerhebung öffnete sich das Tal des Little Big Horn ihrem Blick, und sie sahen zu ihrem Schrecken auf der gegenüberliegenden Seite eine überwältigende Masse von Indianern, die eine kleine Gruppe von Soldaten niedergeritten und getötet hatten. Das waren die letzten von Renos Kommando, die den Übergang nicht mehr geschafft hatten.
Als Benteen und seine Soldaten auf dem Hügel erschienen, wurden sie von den Indianern gesichtet und beschossen. Zum Glück war die Entfernung zu groß, so daß die Schüsse nicht trafen. Benteen überlegte, was er machen sollte; da sah er an seiner rechten Seite eine Gruppe von Indianern. Leutnant Godfrey trabte ihnen entgegen und fand jene Scouts, die sich von Custer getrennt hatten. Ihr Führer Half Yellow Face wies nach rechts, auf die Höhe, auf die sich Reno zurückgezogen hatte, und sagte: „Soldaten."
Benteens Leute zogen die Revolver und trabten vorwärts.
Als sie auf den Berg kamen, rannte ihnen Major Reno, den Kopf mit einem Tuch verbunden, atemlos entgegen und rief: „Um Gottes willen, Benteen, helfen Sie mir! Ich habe die Hälfte meiner Leute verloren!"

Einige Minuten später hatte sich Benteens Bataillon mit den Resten von Renos Einheit vereinigt. Renos Truppe war am Ende ihrer Kräfte. Einige der letzten, die den Dakota entschlüpfen konnten, kamen noch das Ufer herauf. Ein Soldat schwenkte den frisch vom Haupte eines Indianers gerissenen Skalp. Von nun an war eigentlich Benteen der kommandierende Offizier, ein Mann von ansehnlichem Äußeren, kühn, verwegen und tapfer. Er brachte schnell Ordnung in das Durcheinander. Seiner Truppe gab er den Befehl, die Munition mit Renos Einheit zu teilen. Sie wurde neu formiert. Ein wenig später erschien auch der sehnlichst erwartete Train mit den Munitionsvorräten.
Die Eskadronen vereint bestanden nun aus ungefähr dreihundertachtzig Mann.
Dieses verstärkte Kommando ging den Fluß hinunter, um Custer ausfindig zu machen, mit dessen Unterstützung längst nicht mehr gerechnet wurde. Vorsichtig bewegte sich die Abteilung auf den Abhängen gegenüber dem indianischen Lager vorwärts, denn von dort vernahm man ferne Schüsse. Nachdem vom höchsten Punkt aus Custer weder zu sehen noch von ihm etwas zu hören war, schickte Major Reno eine Abteilung, befehligt von Rittmeister Weir, die versuchen sollte, Verbindung mit Custer zu bekommen. Weir gab Bescheid zurück, daß er von den Indianern umzingelt würde, wenn er weiterginge. Danach bezog Major Renos Kommando wieder die alte Stellung auf dem Abhang in einer Vertiefung, umgeben von kleinen Hügeln. Das schien der beste Ort zur Verteidigung zu sein. Pferde und Maultiere wurden gedeckt aufgestellt und die Männer auf die umliegenden Hü-

gel verteilt.
Kaum war diese einfache Vorbereitung ausgeführt, da kamen die Indianer zurück und unternahmen einen Angriff, der heftiger war als alles zuvor. Von sechs Uhr an, bis die Dunkelheit diese düsteren Hügel einhüllte, hielt Renos Kommando hartnäckig seine verstärkte Stellung gegen eine starke Übermacht.
Während der langen, unsicheren Stunden der Nacht feierte man im indianischen Lager, das sich über mehrere Meilen am Little Big Horn hin erstreckte, erkennbar an dem Widerschein zahlloser Freudenfeuer und dem lärmenden Ton der Trommeln. Die beunruhigten Soldaten aber trafen fieberhaft Vorbereitungen für den am nächsten Tag zu erwartenden Angriff.
Bei der schaurigen Musik der indianischen Trommeln und Gesänge befestigten die Soldaten ihre Stellung. In dem kieselhaltigen Boden arbeiteten sie mit ihren leeren Fleischbüchsen und ähnlichen „Werkzeugen“, die sie im Augenblick zur Hand hatten. Glücklicherweise konnten sie über den steilen Abhang neben dem Fluß die für sie so kostbare Wasserversorgung sichern. Die toten Pferde und Maultiere sowie Kisten und anderes wurden so geordnet, daß man hinter dieser Schutzwehr vor den indianischen Kugeln und Pfeilen ziemlich sicher war.
Ungefähr um zwei Uhr dreißig morgens beleuchtete das schwache Morgenrot die Ergebnisse der nächtlichen Arbeit. Die Ruhe, die sich über die Landschaft breitete, wurde plötzlich durch zwei indianische Gewehrschüsse unterbrochen. Und wie auf ein Zeichen prasselte aus jeder Bodenwelle und -falte, die einen

bemalten Krieger verbergen konnte, ein wütendes Feuer auf die Stellung des Kommandos nieder. Bei immer höher steigender Sonne kamen Hunderte von Indianern aus dem Lager, zogen das Tal hinauf und umzingelten die Stellung. In einem Teil der Linie schossen die Cheyenne, jene tollkühnen Reiter der Ebene, die ihre Ponys jetzt zurückgelassen hatten, ihre Pfeile mit den Büffelbogen auf kurze Entfernung sehr wirksam ab.

Es gab viele Verwundete, und alle litten quälenden Durst. Unter dem Schutz einer Schützenkette rannten Freiwillige den Hügel hinunter bis zum Fluß und füllten Blechbüchsen mit Wasser. Dadurch erhielten die Verwundeten das kostbare Naß, nach dem sie lechzten.

Man beobachtete, daß sich Männer in Uniform in den Reihen der Indianer befanden. Dann und wann hörte man die langgezogenen Töne eines Horns, was Major Reno zu der Annahme veranlaßte, daß Überläufer unter den Indianern sein müßten. Es handelte sich jedoch in Wirklichkeit um einige Indianer, die sich erbeutete Uniformen angezogen hatten und auf erbeuteten Hörnern bliesen.

Bald nach Mittag gewahrte man, wie Kundschafter in das indianische Lager ritten, worauf sich dort ein großes Geschrei erhob. Die hoffnungslosen Soldaten trauten ihren Augen kaum, als sie sahen, wie die Squaws ihre Tipis abbrachen. Zum Erstaunen der Soldaten begannen die indianischen Krieger auf das Signal ihrer Häuptlinge sich schnell zurückzuziehen.

Nachmittags brannte das Gras auf dem Grund des Tales. Sehr starke Rauchwolken vermischten sich mit

dem Staub, den die abziehenden Indianer aufwirbelten. Sie hatten sich in unglaublich kurzer Zeit in Marsch gesetzt.
Als der Zug hinter der Rauchwolke sichtbar wurde, konnte man die Anzahl der Indianer abschätzen. Es mochten fünfzehntausend bis achtzehntausend Pferde und außer den Hunderten von Frauen und Kindern etwa fünftausend bis achttausend Krieger sein. Es war das größte Zusammentreffen von Indianern in der Prärie, das jemals gesehen worden war. Wie man später festgestellt hat, war das Lager entlang des Westufers des Little Big Horn fast vier Meilen lang und an manchen Stellen fast eine halbe Meile tief. Die Zahl der Zelte kann fünfzehntausend um einiges überstiegen haben.
Der indianische Zug blieb noch mehrere Stunden als Silhouette gegen die untergehende Sonne sichtbar. Dann war er in den Little-Big-Horn-Mountains verschwunden.
Frei von dem Schrecken der letzten beiden Tage, beobachteten die Soldaten den Abzug. Sie kannten aber nicht die Ursachen des schnellen Aufbruchs der Indianer. In der folgenden Nacht bauten sie deshalb wiederum ihre Stellung aus und sicherten sich außerdem einen angemessenen Vorrat an Wasser, damit sie in der Lage waren, weitere Angriffe abzuwehren, falls die Dakota mit Verstärkung zurückkehrten.
Früh am Morgen des siebenundzwanzigsten Juni wurde wieder eine Staubwolke weit entfernt im unteren Tal entdeckt. Gespannt richteten die Offiziere ihre Feldstecher darauf. Man erkannte eine sich nähernde Kolonne, und die wohlbekannten blauen Uniformen der Soldaten kündeten Entsatz an.

War es General Custer mit seiner Truppe? Warum kam er nicht früher?
Einige Offiziere, die dem herannahenden Zug entgegenritten, erkannten General Terrys Kolonne. Die Männer warfen ihre Hüte in die Luft und sanken weinend einander in die Arme.

Die ungeheuerliche Wahrheit

Terry berichtete, was sich ereignet hatte.
Am frühen Morgen des sechsundzwanzigsten Juni ritten Terrys Späher unter der Führung von Leutnant Bradley aus, um Fühlung mit dem siebenten Kavallerieregiment zu nehmen. Sie stießen auf einige Indianer, eine Gruppe von Custers Kundschaftern. Sie sagten aus: „Langhaar Custer und alle seine Soldaten sind tot."
Bradley sandte einen Kurier zu Terry. Die Kunde war so ungeheuerlich, daß General Terry und seine Soldaten sie nicht glaubten.
Bei Einbruch der Nacht lagerte sich die erschöpfte Kolonne etwa neun Meilen unterhalb von Renos Stellung. Bei Tagesanbruch am siebenundzwanzigsten Juni waren Bradley und seine Späher wieder flußaufwärts in Bewegung, während Terry mit Gibbons Truppe das Tal entlang marschierte. Da entdeckte Bradley auf einer jenseitigen Uferhöhe merkwürdige weiße Gegenstände. Er ritt mit seinen Leuten darauf zu: Es war ein totes Kavalleriepferd, und da lagen Custers Soldaten, nackt, still, unter ihnen der General. In Wolken flogen Krähen und Geier auf.

Man kann sich das Grauen, das Renos Soldaten ergriff, vorstellen, als sie diese Nachricht von Terry erfuhren.
Bald darauf wurden die Toten notdürftig begraben. Man zählte über zweihundert.
Man weiß nicht, warum General Custer seinen Plan zur Unterstützung Major Renos änderte. Ein Teil des Weges, den Custers Gruppe eingeschlagen hatte, konnte noch verfolgt werden. Kurz nachdem er sich von Major Reno getrennt hatte, schwenkte er nach Norden und ritt eine Meile im Galopp. Mitch Bouyer und die vier ihm verbliebenen Crow-Scouts wurden auf die Höhe eines Berges geschickt. An seinem Fuße ließ General Custer die Kolonne halten. Begleitet von seinem Bruder Tom, seinem Adjutanten Leutnant Cooke sowie seinem Neffen Autie Reed, galoppierte der General ebenfalls hinauf. Außerdem befand sich noch ein Mann bei ihm: John Martin, der Trompeter.
Scharf beobachtete der General das Tal mit seinem Feldstecher. Das Lager schien zu schlafen. Außer mehreren Squaws und spielenden Kindern waren nur noch einige schläfrig in der Sonne liegende Hunde und Ponys zu entdecken. Das Lager schien von allen kampffähigen Männern entblößt.
Darauf wandte sich Custer an seine Begleiter.
„Jetzt haben wir sie! Wir können sie im Schlaf überfallen. Kommt, vorwärts!“
Und mit einem Hutschwenken und einem lauten „Hurra“ führte er seine Truppen nach Norden.
Nachdem sie eine Meile galoppiert waren, ließ Custer halten und wandte sich zu seiner Ordonnanz.
„Ich wünsche, daß Sie eine Mitteilung für Rittmei-

ster Benteen entgegennehmen! Sagen Sie ihm, er soll sofort kommen und Munitionsvorrat mitbringen!"
Der Trompeter Martin, dem er diesen Auftrag gab, zügelte sein Pferd und wandte sich um, den Befehl auszuführen, als Leutnant Cooke ihm nachrief: „Warten Sie, Ordonnanz, ich werde Ihnen diese Mitteilung schriftlich geben!"
Cooke riß ein Blatt Papier aus seinem Notizbuch und schrieb: „Benteen, komme schnell! Großes Lager. Beeile Dich! Bringe die Packpferde mit!"
Über all das, was geschah, nachdem Martin General Custer verlassen hatte, ist man nur auf Vermutungen angewiesen. Die Lage des Schlachtfeldes sagt uns, daß Custer etwa fünf Meilen flußaufwärts geritten sein muß, in der Absicht, das Indianerlager von der Flanke aus anzugreifen. Ob er versucht hat, den Fluß zu überqueren, ist unbekannt.
Wahrscheinlich hatte sich Custer von Südosten dem Lager genähert. Es soll einer winzigen Gruppe von vier todesmutigen Cheyenne gelungen sein, Custers Vormarsch gegen das Lager etwas abzustoppen. Entschlossen hielten die vier Tapferen die Stellung, bald aber waren sie nicht mehr allein: Renos Bataillon am oberen Lagerende mußte umkehren. Gruppenweise jagten frei gewordene Krieger herbei.
Noch bevor es Custer ahnte, war er mit seiner Mannschaft eingeschlossen. Er versuchte, sich auf die Anhöhe nordwärts zu retten. Immer dichter wurde die Schar der Indianer. Sie feuerte von allen Seiten in die mehr und mehr zusammengedrängten Soldaten. Mit gellendem Geschrei jagten die Indianer in immer engeren Kreisen um Custer und seine dahingeschmolzene Truppe. Das Ende nahte. Bald kam es

zum Handgemenge. Und in einer halben bis dreiviertel Stunde mußte wohl alles vorüber gewesen sein.
So etwa stellt man sich den Ablauf der Ereignisse vor.
Von den sechshundert Mann, die siegesbewußt am zweiundzwanzigsten Juni an General Terry vorbeigeritten waren, kehrten etwa die Hälfte zurück. In der ganzen indianischen Geschichte steht dieser Sieg von Indianern über ausgebildete Truppen in seinen Ausmaßen einzig da.
Die Verwundeten der Bataillone Reno und Benteen wurden in Decken gehüllt und auf den Dampfer „Far West“ gebracht, wo sie, auf dicken Lagen Büffelgras an Deck liegend, ihre Fahrt antraten. Der Arzt Dr. Porter betreute die zweiundfünfzig Verwundeten. Auch das überlebende Pferd „Comanche“ fuhr auf dem Dampfer mit.
Es war schwer, die indianischen Verluste festzustellen, da die Indianer meistens ihre Toten mit sich nahmen. Nach dem eiligen Abzug der Dakota fand man zwei Tipis mit den Leichen von zweiundzwanzig Kriegern. Die Toten waren für das Begräbnis geschmückt und die Zelte mit Kadavern von Ponys umgeben, was den Begräbnisbräuchen der Indianer entsprach. Auch auf dem Weg, den die Indianer zogen, entdeckte man noch auf Bäumen und Gerüsten einige bestattete Leichen. Im ganzen mochten es ungefähr vierzig Tote gewesen sein.
Welches waren die Ursachen der Niederlage?
Darüber gibt es die verschiedensten voneinander abweichenden Meinungen. Die grobe Unterschätzung der Kampfkraft der Indianer mag ein sehr wichtiger Grund gewesen sein. Es waren achthundert bis ein-

tausendfünfhundert Mann erwartet worden; die Soldaten fanden aber drei- bis viermal soviel vor. Ihnen stand eine Macht von Kriegern gegenüber, die mit Zähigkeit kämpfte und von den größten Kriegshäuptlingen geführt wurde. Custer glaubte in grenzenloser Überheblichkeit, eine Bande zu finden, bewaffnet mit uralten Musketen, mit primitiven Speeren und Pfeilen. Dagegen stieß er auf einen Gegner, der zum Teil mit Winchesterbüchsen neuesten Musters und einigen Munitionsvorräten ausgerüstet war.

So endete Custers letzte Schlacht am Little Big Horn.

Jahre nach dieser Schlacht traten sogenannte Überlebende auf und verbreiteten Augenzeugenberichte über die Schlacht. Um die Wahrheit ihrer Geschichten stand es aber schlecht, denn außer einigen Indianern lebte wohl niemand mehr, der dabeigewesen war.

Gefahrvolle Heimfahrt

Am dreißigsten Juni begann der Dampfer „Far West" von seinem Ankerplatz aus, der fünfzehn Meilen vom Schlachtfeld entfernt lag, die äußerst gefahrvolle Fahrt. Verantwortlich für das Schiff war Kapitän Marsh. Dieser Mann hatte die ihm gestellte Aufgabe ohne Zögern übernommen, obwohl er wußte, daß dabei die größten Schwierigkeiten zu überwinden waren. Denn sowohl der Little Big Horn als auch der Yellowstone River mit ihren reißend dahinschießenden Fluten sind reich an Untiefen, Sandbänken, Felsenriffen, Stromschnellen und anderen schlimmen

Überraschungen. Es gehört größtes Wissen und Können dazu, die Navigation auf diesen heimtückischen Flüssen zu übernehmen. Das erfordert einen klaren Kopf, eine ruhige Hand und vor allem hohen persönlichen Mut.

Zum ersten Male auf dieser waghalsigen Stromfahrt, nachdem Kapitän Marsh das Schiff geschickt den Little Big Horn hinunter manövriert hatte, legte die „Far West" an der Einmündung in den Yellowstone an. Hier wurden vierzehn Verwundete, die inzwischen genesen waren, an Land gebracht, während siebzehn Soldaten als Helfer für den Schiffsarzt Dr. Porter an Bord kamen.

Dann ging die Fahrt weiter den Yellowstone River hinunter in den Missouri.

Da die Dämmerung bereits hereinbrach, wurde das Dampfschiff, über dem während der letzten Strecke Trauerfahnen gehißt worden waren, bei seiner Ankunft in Bismarck zunächst kaum bemerkt. Als aber die übermüdete Besatzung an Land ging, um sich von den außergewöhnlichen Anstrengungen zu erholen, verbreitete sich die Kunde von der „Far West" wie ein Lauffeuer in der ganzen Stadt. Die Bewohner eilten herbei, um nähere Einzelheiten über das Ende der Custer-Truppen am Little Big Horn zu erfahren.

Am nächsten Morgen verbreitete die „Bismarck Tribune" ein Extrablatt mit der Schilderung der Schlacht. Diese Zeitungsausgabe trug in dicken Balkenlettern die merkwürdige Überschrift „Niedergemetzelt". Diese Lüge war so fett wie die Buchstaben, mit denen sie gedruckt war. Denn das Schicksal, das Custer und viele seiner Soldaten betroffen hatte, war alles andere als eine Niedermetzelung. Es war eine regelrechte Schlacht, in der die Indianer Sieger geblieben waren. Sie hatten einen heimtückischen Überfall amerikanischer Truppen auf ihr Lager erfolgreich abgewehrt, nicht mehr und nicht weniger. Damit erhielt die amerikanische Regierung eine Quittung für so manches Unrecht, das sie den Indianern zugefügt hatte. Wenn aber die eigentlichen Hintermänner der Indianerkriege nun ein heuchlerisches Geschrei wegen der Toten anstimmten, so geschah das mit der Absicht, ihren eigenen Schuldanteil zu vertuschen.

Die „Far West" setzte nach ihrem Aufenthalt in Bismarck wieder ihre Kessel unter Dampf und strebte ihrem Ziel, dem einige Meilen stromabwärts gelegenen Fort Lincoln, zu.

Hier wurden die Verwundeten ins Hospital eingeliefert. Zwei waren während der Fahrt gestorben.

Es ist verständlich, daß die schreckliche Nachricht, die die „Far West" mitbrachte, im ganzen Fort tiefe Trauer auslöste, hatten doch achtundzwanzig dort wohnende Soldatenfrauen ihre Männer verloren, unter ihnen die Frau des Generals Custer.

Der Bericht über Custers letzten Kampf läßt noch manche Frage offen.

Zum Beispiel: Was bewog Custer zum Angriff auf die Indianer am Little Big Horn?

Eine militärische Überlegenheit hinsichtlich der Zahl der Truppen besaß er nicht. Die Indianer waren ihm an Zahl und an Kampfkraft überlegen.

Auch seine strategische Lage war nicht derart günstig, daß er von vornherein mit einem siegreichen Abschluß des Kampfes rechnen konnte.

Das Verlangen, sich um jeden Preis hervorzutun, um seine Position und sein etwas wankend gewordenes Ansehen bei der Regierung in Washington wieder zu heben und zu festigen und seinen zweifelhaften militärischen Ruhm durch einen Hauptschlag zu untermauern, mögen bei seinen Entscheidungen eine bedeutende Rolle gespielt haben.
Er konnte von seinem Hügel aus feststellen, daß in den indianischen Zelten mehrere tausend Krieger versammelt sein mußten. Diese Übermacht zu zerschlagen schien ihm eine nicht so bald wiederkehrende Gelegenheit, Beförderung und Lorbeeren zu ernten. So unternahm er den Angriff und ritt mit seiner Schar in den Tod.
Custers Mangel an strategischem Weitblick und an Urteilskraft, im ganzen gesehen also seine militärische Unfähigkeit, verursachten seinen Untergang.
In einem zeitgenössischen Bericht wird die tiefere Ursache der Niederlage genannt. Es heißt dort: „Custer wurde besiegt, weil man die indianischen Ureinwohner betrog und ihre Rechte verachtete, die ihnen von amerikanischer Seite selbst in durchaus rechtsgültigen Verträgen zugesichert worden waren. Und niemand darf sich darüber wundern, denn skrupellos vertraten die amerikanischen amtlichen und militärischen Stellen den wenig ehrenhaften und kaltschnäuzigen Standpunkt: Ein guter Indianer ist ein toter Indianer. Auf solch brutaler Grundlage entwickelte sich stärkster Haß gegen das indianische Volk, das tatsächlich weit davon entfernt war, aus ‚blutdürstigen Teufeln‘ zu bestehen, wie es manche hinzustellen beliebten.“
Alle, die über die Verhältnisse genau Bescheid wis-

sen, betonen eindringlich, daß sie die Indianer immer als anständige, achtenswerte Menschen kennengelernt haben, die ihre eigenen Ideale und Gebräuche haben.
Diese einfache Wahrheit war aber für jene unbrauchbar, die gegen die Indianer zu Felde zogen. Sie verbreiteten in Presse und Literatur die Legende von den „barbarischen Wilden". Dabei steht fest, daß von allen Militärsachverständigen die Fehler Custers vor und in der Schlacht erkannt und zugegeben wurden.
Freilich mögen er und seine Soldaten tapfer gekämpft haben, das soll gar nicht bezweifelt werden.
Auf dem Schlachtfeld in Südost-Montana, auf dem Kamm der Hügel, wurde ein riesiges Denkmal gebaut, das ganze, meilenweit sich ausbreitende Gebiet der Kampfhandlungen wurde in eine parkartige Anlage verwandelt, die bis in die Schluchten hineinreicht. Dazu kam noch der Bau eines umfangreichen Custer-Schlachtfeld-Nationalmuseums. Es besitzt starke Anziehungskraft auf Hunderttausende von schaulustigen Besuchern, die es mit Eisenbahn und Autobus mühelos erreichen können. Ein einträgliches Geschäft, das die aufgewandten Geldmittel gewinnbringend verzinst.
Diese Bauten und Einrichtungen auf blutgetränktem Boden sind nicht der Ausdruck des Bekenntnisses einer erlittenen Niederlage, sondern der Glorifizierung des Verbrechens, das an der indianischen Bevölkerung begangen worden ist.

Wie nicht anders zu erwarten war, hatte die katastrophale Niederlage Custers am fünfundzwanzigsten Juni achtzehnhundertsechsundsiebzig die schlimmsten Befürchtungen im amerikanischen Kriegsministerium wachgerufen. Konnte es doch leicht möglich sein, daß dieser im ganzen Lande Aufsehen erregende Sieg zum Signal für die friedlichen Indianer wurde, sich ihren siegreichen Stammesbrüdern anzuschließen und einen verstärkten Kampf gegen das Militär zu führen.
Infolgedessen gab die Regierung in Washington Weisungen zur Entsendung größerer militärischer Einheiten in das Gebiet. Sie wurden von General Crook, der von den Soldaten und den Indianern der „alte graue Wolf" genannt wurde, mit Ungeduld erwartet. Als erstes näherte sich das fünfte Kavallerieregiment unter seinem Kommandeur Oberst Merritt von Arizona her, wo es gegen die Apachen gekämpft hatte. Die Vereinigung mit General Crook verzögerte sich jedoch, da das Regiment durch eine größere Kriegsmacht der Cheyenne, die sich den siegreichen Dakota anschließen wollten, stark beunruhigt wurde. Am War Bonnet Creek jedoch fügte Oberst Merritt den Cheyenne so schwere Verluste zu, daß diese in ihre Reservationen zurückkehrten.
Erst nach diesen Zwischenfällen traf Oberst Merritts Regiment bei General Crook ein.
Crook führte seine Kontingente nordwärts den Rosebud River hinab, während General Terry, der an der Mündung des Rosebud gelagert hatte, mit seinen Truppen den Rosebud aufwärts zog. Beide Generale

vereinigten sich am zehnten August, so daß sie nunmehr über eine Streitmacht von dreitausendsechshundert Mann verfügten, alle wohlausgerüstet und vorzüglich bewaffnet, die gesamte Munitions- und Proviantbagage nicht mitgerechnet.
Es stellte sich aber bald heraus, daß eine derartige konzentrierte Militärmacht in dem schwierigen Gelände zu unbeweglich war, um mit Erfolg gegen die blitzschnell auftauchenden Indianerkrieger vorgehen zu können.
Die Generale beschlossen deshalb, Oberst Miles zum Yellowstone River zu entsenden, damit er dort mit seinem Infanterieregiment entlang des Stromes Posten bezog.
Die Generale Crook und Terry glaubten, sie hätten damit die Indianer umzingelt.
Das war aber ein Irrtum. Denn die indianischen Krieger hatten sich nach der Custer-Schlacht unter Führung der Häuptlinge Sitting Bull und Crazy Horse außerordentlich geschickt der drohenden Verfolgung durch die überlegenen Feindkräfte entzogen und in Sicherheit gebracht.
So kam es, daß das Militär vergeblich nach der Indianerfährte suchte. Terry, als der einsichtigere von den beiden Generalen, erkannte endlich die Sinnlosigkeit des Unternehmens und kehrte zur Freude seiner Soldaten nach Fort Lincoln zurück und verzichtete auf weitere höchst fragliche kriegerische Lorbeeren.
Anders aber General Crook. Er gab die Hoffnung, auf Indianer zu stoßen, noch nicht auf und zog mit seiner schwerfälligen Truppenschlange weiter.
Als er an den Little Missouri kam, bog er südwärts in die Black Hills ab. Und damit begann „Crooks Hun-

germarsch".
Wie General Terry, so hatte auch General Crook große Mühe, seine zahlreiche Truppe ausreichend zu verpflegen. Schließlich waren alle Lebensmittel aufgezehrt, es gab auch nichts mehr zu füttern für die Pferde. Wild tauchte kaum in den unwirtlichen Schluchten auf. Die Soldaten konnten sich nur ganz kümmerlich von dem Fleisch ihrer zu Skeletten abgemagerten Pferde ernähren, die entweder vor Hunger umfielen oder kurzerhand abgeschlachtet wurden.
Die Lage verschlimmerte sich noch weiter. Es wurde kalt, und mehrere Tage lang regnete es ununterbrochen, so daß Krankheiten unter den Soldaten und Tieren ein Fortkommen fast unmöglich machten. Die Todesfälle häuften sich bei der körperlich heruntergekommenen und demoralisierten Truppe erschreckend.
Die Rettung kam buchstäblich in letzter Minute. In den Black Hills war eine Goldgräbersiedlung förmlich über Nacht aus der Erde gewachsen, Deadwood City.
In höchster Not hatten die Scouts von General Crook diese neuentstandene Siedlung erkundet.
Eine kleine berittene Abteilung bat um Hilfe. Sie erreichte, daß die Siedler den Soldaten Lebensmittel schickten.
Die kleine Abteilung, unter Führung von Hauptmann Mills, die Hilfe herbeigeholt hatte, entdeckte eine Indianerfährte; sie führte zu einem Indianerlager in den Slim Buttes, dem der kühne Häuptling American Horse vorstand.
Diese Niederlassung wurde am frühen Morgen des

achten September von Crooks Truppen überfallen. Nur mit Mühe konnten sich die Indianer in die umliegenden Schluchten retten.
Das war ein billiger, äußerst blutiger Erfolg, den General Crook an seine Fahnen heften konnte.
Der frühzeitig hereinbrechende Winter machte sich für die Truppen höchst unliebsam bemerkbar. General Crook beschloß, Winterquartiere am Yellowstone zu beziehen, in denen sich die Truppen vor der rauhen Witterung nach Möglichkeit schützen konnten.
Das Kommando über dieses Winterlager war dem Obersten Miles übertragen worden. Er setzte seine Erkundungszüge auch in dieser kalten Jahreszeit fort. Spitzel unterrichteten ihn über Marschrouten und Aufenthaltsorte der Dakota, die sich unter den Häuptlingen Sitting Bull und Gall und unter dem Häuptling Crazy Horse in getrennten Zügen nach dem Yellowstone hin von den Amerikanern absetzten.
Oberst Miles, den die Indianer Bears Coat nannten, näherte sich am einundzwanzigsten Oktober dem Lager der Dakota und ließ Sitting Bull durch einen Unterhändler zu einer Unterredung vor das Lager bitten. Der Häuptling folgte der Aufforderung.
Bei der Zusammenkunft versuchte der Oberst, dem unbeugsamen Gegner die Vorteile begreiflich zu machen, die ihm mit seiner Rückkehr in die angewiesenen Reservationen garantiert würden. Aber Sitting Bull war nicht zu überreden. Er erinnerte Miles daran, wie oft ihm Versprechungen gemacht und Verträge mißachtet und skrupellos gebrochen worden waren. Die Besprechungen scheiterten.

Und da Sitting Bull den feindlichen Angriff voraussah, ließ er durch seine Krieger das dürre Präriegras in Brand setzen und zog sich mit seinen Leuten unter dem Schutz des Rauches zurück.

Die Truppen verfolgten die abziehenden Dakota einige Tage und hatten nur insofern einen Vorteil davon, als ihnen allerhand Beute an Tieren und Material, das die Abziehenden im Stiche lassen mußten, in die Hände fiel.

Oberst Miles erfuhr durch Spitzel auch von dem Lager des Häuptlings Crazy Horse, dessen Krieger unaufhörlich mit kühnen Streifzügen kleiner Abteilungen das Winterquartier der Soldaten an der Mündung des Tongue River beunruhigten.

Trotz starker Schneefälle und bitterer Kälte schickte der Oberst in den letzten Tagen des Jahres eine Expedition gegen Crazy Horse. Es gelang, einige Verwandte von Unterhäuptlingen aus dem Zug des Crazy Horse gefangenzunehmen. Die Dakota versuchten zwar, sich dieser Gefangenen wieder zu bemächtigen; es gelang ihnen aber nicht.

Am achten Januar achtzehnhundertsiebenundsiebzig kam es zum offenen Gefecht, das bei schwerstem Schneesturm anhielt. Die Soldaten hatten zwei Gebirgsgeschütze mitgeführt, die sie gegen die immer wieder einsetzenden Schneefälle und Blizzards mit Zeltplanen zugedeckt und geschützt, vielleicht auch auf diese Weise absichtlich gegen die Sicht der Indianer getarnt hatten. Während der Kämpfe machten die Soldaten ihre Geschütze gefechtsklar und sandten ihre Geschosse unter die Indianer.

Die Indianer gerieten durch das unerwartete Geschützfeuer und die Sprengwirkung der Granaten in

schwere Verwirrung. Diesen Moment nutzte die Infanterie und setzte sofort zum Sturmangriff an. Die Indianer mußten weichen und versuchten, im starken Schneetreiben zu entkommen.
Die gefangenen Dakota, die Miles mit sich nahm und durchaus gut behandelte, schickte er nach einiger Zeit unter sicherer Bedeckung an Crazy Horse zurück. Sie sollten ihren Häuptling überreden, sich zu ergeben. Dieser klug durchdachte Schachzug des Obersten hatte tatsächlich Erfolg: Crazy Horse ergab sich mit seinen über zweitausend Anhängern, da er sah, daß der schreckliche Winter seinen Leuten zu arg mitspielte.
Der bei seinen Stammesgenossen hochangesehene Häuptling fand noch im Herbst des gleichen Jahres achtzehnhundertsiebenundsiebzig den Tod. Es waren durch irgendwelche dunklen Machenschaften Unruhen unter seinen Indianern ausgebrochen, für die Crazy Horse verantwortlich gemacht wurde. Als er verhaftet und eingesperrt werden sollte, leistete er energischen Widerstand. Bei dem Handgemenge erhielt der Häuptling einen Bajonettstich und brach tödlich getroffen zusammen.
Sitting Bull begab sich mit seinen Leuten über die kanadische Grenze unter englische Oberhoheit.
Nur ein einziger Stamm hatte bisher nicht kapituliert und wehrte sich bis in den Mai des Jahres achtzehnhundertsiebenundsiebzig hinein gegen das amerikanische Joch.
Es waren die Minneconjou-Dakota unter ihrem Häuptling Lame Deer.
Gegen diesen wandte sich Oberst Miles, als der Frühling endlich den furchtbaren Winter ablöste. Er

spürte die Indianer in der Nähe des Rosebud River auf.
Es kam in der neutralen Zone zwischen den indianischen und amerikanischen Linien zu einer Begegnung des Obersten Miles mit Lame Deer. Doch diese Zusammenkunft wurde zum Ausgangspunkt eines wütenden Kampfes.
In dem Augenblick, als Miles dem Häuptling Lame Deer die Hand bot und dieser, wenn auch etwas mißtrauisch, in sie einschlug, richtete ein Scout, ein Begleiter Miles, sein Gewehr auf Lame Deer. Als dies der Häuptling gewahrte, zog er mit Blitzesschnelle seine Hand zurück, hob im Nu seine Büchse und feuerte auf Miles, der sich aber unwillkürlich duckte, so daß die Kugel einen hinter Miles stehenden Soldaten tödlich traf. Lame Deer, auf den sich danach viele Gewehre richteten, sank, von Kugeln durchbohrt, nieder.
Es entspann sich ein furchtbarer Kampf, in dem die der Übermacht nicht gewachsenen Indianer schon nach kurzer Zeit unterlagen.
Damit hatten die Soldaten ihrem Kriegsruf „Rache für Custer!“ Genüge getan.
Oberst Miles blieb Herr auf der ganzen Linie. Er hatte die Dakota und die Cheyenne unterworfen oder vertrieben, was den Generalen Crook und Terry nicht gelungen war. Später, in den achtziger Jahren, blieb er auch gegen die Apachen siegreich.
Damit war das gesamte indianische Territorium im Westen für die Weißen erobert.

Als die Indianer ihr Schweigen brachen

Indianische Aussagen über die Custer-Schlacht

Als die Indianer zehn Jahre nach der Schlacht ihr Schweigen brachen, waren sie zermürbt. Sie fürchteten immer noch und erwarteten Strafe für die Beteiligung an der Vernichtung von Custers Kommando. Wehe den Besiegten! war die einzige Parole, die sie kannten. Und deshalb ist erklärlich, daß sie so wenig wie möglich erzählten, denn der ihnen gegebenen Zusage auf Straffreiheit trauten sie nicht. Sie glaubten nicht, daß der weiße Mann Wort halten würde.
Und eines jeden Kriegers Erzählung war auf das Ohr des weißen Befragers abgestimmt. Das ist zugleich ein Grund für die Abweichungen in ihren Berichten. Die alten Stammesorganisationen waren zerrissen, die Häuptlinge durch neue, fremde Führer verdrängt worden, die bei weitem nicht mehr den gleichen starken Einfluß auf ihr Volk ausübten wie jene früheren. Die Welt der Indianer war auf den Kopf gestellt und ihre Freiheit endgültig verlorengegangen. Berücksichtigen wir alle diese Umstände, und hören wir ihre Zeugnisse über die Schlacht am Little Big Horn an.

Red Horse: Wir eilten sofort ins Gefecht

Red Horse schilderte seine Erinnerungen in der Zeichensprache; daraus war folgendes zu entnehmen:

„Vor fünf Frühlingen zog ich mit vielen anderen Dakota vom Cheyenne River nach dem Little Big Horn, wo wir unsere Tipis bei dem großen Lager der Dakota aufschlugen. Die Dakota lagerten wie folgt: Die Tipis der Hunkpapa standen oben am Fluß, dann folgten die der Santee, Oglala, Brulés, Minneconjou, Sans Arcs, Sihasapa und Cheyenne. Ferner waren noch einzelne Angehörige anderer Stämme im Lager, doch ohne eigene Zelte.
Ich war ein Dakota-Häuptling im Ratstipi. Am Tage des Angriffs war ich mit vier Frauen eine kleine Strecke vom Lager entfernt beim Graben von wilden Rüben. Plötzlich lenkte eine der Frauen meine Aufmerksamkeit auf eine Staubwolke, die sich in kurzer Entfernung vom Lager erhob. Ich erkannte, daß Soldaten das Lager angriffen. Wir rannten zurück, und ich eilte zum Ratstipi. Doch geschah der Angriff so rasch, daß wir nichts beraten konnten, sondern sofort ins Gefecht eilten.
Unter den Soldaten war ein Offizier, der ein Pferd mit vier weißen Füßen ritt (nach Dr. Chesneys Mitteilungen war dies Rittmeister French vom siebenten Kavallerieregiment – P.F.). Die Dakota sahen, daß dieser Offizier der tapferste Mann war, mit dem sie je gekämpft hatten. Auch sah ich zwei gleich aussehende Offiziere, beide mit langem, gelblichem Haar. Nachdem die erste Abteilung über den Little Big Horn geritten war, wurde die zweite gemeldet. Diese wurde umzingelt und vernichtet und darauf Major Renos Truppe wieder eingeschlossen. Aber die Ankunft von ‚laufenden Soldaten' (Infanterie) zwang uns zum Rückzug. Die Dakota hatten hundertsechsunddreißig Tote und hundertsechzig Verwundete."

Zwei Monde: Vierhundertundachtzig Tote

Esehe Nissi, zu deutsch Zwei Monde, Häuptling der Nord-Cheyenne, erzählte über Custers Untergang folgendes:

„Custer ritt mit seiner Truppe den Hügelrücken entlang. Die Cheyenne und Dakota kamen aus dem Tal des Reno-Hügels herauf und umkreisten die Heranrückenden. Ich führte die Cheyenne. Custer ließ seine Soldaten auf dem Hügel, wo jetzt das Denkmal steht, aufmarschieren. Wir feuerten auf die Soldaten. Viele wurden getötet. Aber auch von meinen Kriegern stürzten viele im Feuer der Soldaten. Ich trieb mein Pferd an und rief meinen Leuten zu, mit mir zu kommen; dies sei sonst der letzte Tag, an dem sie ihren Häuptling sähen. Abermals ritt ich gegen die Hügelkuppe vor. Die Cheyenne folgten mir mit gellendem Kriegsgeschrei und immerfort feuernd. Ich tötete einen verwundeten Soldaten und skalpierte ihn. Als ich mich aufrichtete, sah ich die Unsrigen mit den Soldaten im Handgemenge.

Nun ritt ich auf den Bergrücken und fand fast alle Soldaten getötet. Zuletzt sahen wir Custer und den Rest seiner Leute in einer Gruppe beieinander. Wir schossen sie zusammen und nahmen ihre Gewehre und Skalpe. Nach dem Gefecht schnitten wir Weidenstöcke und ließen bei jedem Soldaten einen hinwerfen. Dann wurden die Stöcke gesammelt, und wir zählten vierhundertundachtzig Tote auf dem Bergrücken. Als wir die Toten im Tal zählen wollten, kam General Terry, und wir mußten fliehen."

Red Cloud: Wir mußten uns verteidigen

Dies erzählte der Häuptling der Oglala, Red Cloud: „Ich erinnere mich, daß unser Lager im Tale des Little Big Horn stand. Wir waren etwa viertausend Indianer, in meiner eigenen Schar etwa hundert Dakotakrieger. Es waren vier oder fünf verschiedene Abteilungen des Dakotastammes in diesem Gefecht. Als ihre Führer galten Rain-In-The-Face und Sitting Bull, Crazy Horse und Big Man. Wir waren in unserem Lager, da gab es Überfluß an Büffelfleisch in diesen Tagen, denn wir erlegten sehr viele.

Die Frauen trockneten das Fleisch, und die Krieger ruhten. Plötzlich hörten wir Feuer, und wir fanden, daß die Soldaten über uns herfielen. Die Frauen und Kinder waren alle voll Furcht und rannten davon über die Hügel. Wir Männer bestiegen unsere Pferde und zogen gegen den Feind.

Zuerst drängten wir Major Reno zurück bis über den Fluß und hinauf gegen die Steilhänge, dann ritten einige von unseren Dakota um den Hügel herum, um Reno abzuschneiden. Wir hatten ihn in einem Sack. Nachdem wir viele von Major Renos Männern getötet hatten, kam General Custer den Hügelrücken entlang, und wir wurden abgerufen, um Custer zu bekämpfen. Wir begannen die neuen Angreifer einzuschließen, und als die Soldaten den Hügel herabkamen, schossen wir sie nieder. Dann saß der Rest der Soldaten ab und sammelte sich auf einen Haufen, niederkniend und hinter den Pferden hervorschießend. Wir kreisten immer rund herum, in Custers Leute feuernd, bis der letzte Mann getötet war. Ich sah Custer nicht fallen, denn alle Indianer wußten nicht, welches Custer war. Das ist auch die Meinung von Rain-In-The-Face.

Über die Ursache des Custer-Kampfes muß ich sagen: Wir wurden von den Soldaten verfolgt, wir waren auf dem Kriegspfad mit den Crow und anderen Stämmen. Wir versuchten, diese von den Jagdgründen zurückzutreiben; da kamen die Soldaten über uns, und wir hatten uns zu verteidigen.

Aus den Black Hills wurden wir von den goldsuchenden Männern hinausgedrängt, unser Wild ward vertrieben, und wir suchten neues, denn unsere Kinder hungerten. Wir mußten etwas zu essen haben. In dieser Gegend gab es Büffel. Wir zogen herum, einfach hier und da lagernd und unsere Indianerfeinde bekämpfend.

Nach dem Überfall der weißen Männer fochten wir tapfer, und alle die weißen Männer wurden getötet."

Nigo Highez: Ich schweige

Der Häuptling der Süd-Cheyenne, Nigo Highez, sagte aus:

„Ich war in der Schlacht am Little Big Horn. Die Indianer nannten den General Langhaar. Es ist ein Gefecht, über das ich nicht gerne sprechen mag."

Ite o Magazu: Ich nahm ihre Fahne

Der Häuptling Ite o Magazu oder Rain-In-The-Face sagte zehn Jahre später über die Schlacht:

„Sitting Bull hatte große Medizin gemacht draußen auf einem Hügel. Er kam damit herein. Er hielt eine große Ansprache und sagte, Wakan tanka, der Große Geist, sei auf einem Adler reitend zu ihm gekommen. Wakan tanka habe ihm erzählt, daß die Langmesser, die Soldaten, kämen, aber die Indianer würden sie vom Angesicht der Erde wegfegen. Seine Rede machte unsere Herzen glücklich.
Am anderen Tag kamen unsere Läufer und erzählten uns, die Langmesser nahten. Sitting Bull hatte von den Frauen an der Biegung des Flusses leere Totentipis aufstellen lassen, um die feindlichen Späher zum Narren zu halten, wenn sie kämen und über die Steilhänge blickten. Das Gebüsch und die Biegung verbargen unsere Tipis. Dann ging Sitting Bull weg, um noch mehr Medizin zu machen, und kam nicht zurück, bis das Gefecht vorüber war!"
In seiner Erzählung von der Schlacht sagt Rain-In-The-Face:
„Ich hatte den Kriegsgesang gesungen – ich hatte den Pulverdampf gerochen – mein Herz ward schlimm – ich war wie einer, der keinen Verstand hatte. Ich stürzte mich hinein und nahm ihre Fahne. Mein Pony fiel tot nieder, als ich sie nahm. Ich sprang auf und schlug dem Langmesser-Fahnenmann mit meiner Kriegskeule den Schädel ein und rannte mit der Fahne zurück zu unserer Linie. Ich erwischte ein frisches Pferd und jagte zurück, schießend, hauend und mein Pferd peitschend.
Diesmal sah ich Little Hair (Kurzhaar, gemeint ist Tom Custer, der Bruder des Generals – P.F.). Da dachte ich an meinen Schwur (Tom Custer hatte früher einmal Rain-In-The-Face gefangen und ihn ge-

fesselt im Fort behalten. Dieser entwich aber und schwur, Rache an Tom Custer zu nehmen. Der Schwur war Tom Custer bekannt – P.F.).
Ich war toll. Ich fürchtete nichts. Ich wußte, daß mir nichts schaden konnte, denn ich hatte meinen weißen Wieselschwanzzauber an. Ich weiß nicht, wie viele ich tötete bei dem Versuch, an Little Hair heranzukommen. Er kannte mich. Ich lachte ihm gellend zu und stieß den Kriegsruf aus. Als ich nahe genug kam, schoß ich ihn mit meinem Revolver nieder. Ich skalpierte ihn nicht.
Danach ging ich nicht auf das Feld zurück."

Eine indianische Frau erzählt

Pte-san-washte-wing, eine indianische Frau, auch genannt Spotted Horn Bull, zu deutsch „Gesprenkeltes Stierhorn", deren Mann in der Little-Big-Horn-Schlacht gefallen war, übertrifft an Ausführlichkeit den Häuptling Ite o Magazu:
„Mein Bruder White Eyebrows war bei einem Tanz gewesen. Es war kein Kriegstanz, sondern nur eine Belustigung für die jungen Leute. Wenige Tage zuvor hatten unsere Krieger gegen die Crow und Schoschonen, die Verbündeten des Generals Crook, gekämpft. Die Feinde meines Volkes waren gefallen wie die Blätter, wenn sie gelb werden. Wir hatten keine Verluste gehabt, und Freude herrschte im Lager der Dakota auf der Erhöhung am Greasy Grass River, den die Weißen Little Big Horn nennen.
Als mein Bruder gegen Morgen vom Tanz in mein Tipi kam, schlief ich noch. Bis spät in die Nacht hat-

ten ich und andere Frauen der Hunkpapa gearbeitet, um uns für den Abmarsch fertigzumachen, den wir an diesem Morgen antreten sollten – wohin, weiß ich nicht. Wo die Männer der Dakota hingehen, dorthin folgen ihnen die Frauen, das ist ihre Pflicht.

Das Lager war nur die Raststätte für einige Tage. Wir dachten nicht an einen Kampf mit dem weißen Mann. Unsere Tipis waren sehr viele, wieviel Leute da waren, weiß ich nicht. Mein Bruder weckte mich und bat um Essen. Ich setzte ihm mit Tipsinas (wilden Rüben) gekochtes Büffelfleisch vor. Während er aß, erwachten die Leute im Dorf, und die Frauen beendeten die Vorbereitungen zum Abmarsch.

Vereinigt waren die Stämme der Sihasapa, Hunkpapa, Minneconjou, Sans Arcs, Brules, Oglala und Cheyenne. Ich habe mein Volk sich vielmals auf den Kampf vorbereiten sehen, und das weiß ich: An diesem Morgen dachten die Dakota an keinen Kampf.

Plötzlich erschienen einige unserer Leute, die außerhalb des Lagers an dem Platz geweilt hatten, wo an diesem Morgen ein Büffel erlegt worden war, mit der Nachricht, daß Soldaten heranrückten. Unsere Männer trieben die Frauen zur Eile an, um noch rechtzeitig den Little Big Horn kreuzen zu können. Aber wir hatten nur die Soldaten Langhaars gesehen, nicht die anderen, Renos Abteilung.

Wie ein Unwetter waren die Soldaten über uns. Wir waren völlig überrascht, vom Ende des Dorfes aus angegriffen zu werden, da wir nur die Marschrichtung der einen Abteilung beobachtet hatten. Unsere Krieger warfen sich dem Angreifer entgegen und zogen, das Kampflied singend, ins Gefecht.

Wenn die Soldaten, die uns umgangen hatten, Renos

Leute, mit dem Angriff gewartet hätten, bis Langhaar bereit gewesen, so wäre die Macht des Dakotavolkes vielleicht gebrochen worden. Denn wir beobachteten nur Langhaars Abteilung und dachten an keinen Angriff von anderer Seite. Aber der Große Geist wachte über seine Kinder und ließ den weißen Häuptling Major Reno zu früh losschlagen. Er wurde so heftig von unseren Kriegern überrannt, daß er sich nur mit Mühe und Not mit dem überlebenden Teil seiner Leute über den Little Big Horn retten konnte.
Unsere Krieger eilten nun der Abteilung Langhaars entgegen. Der Platz war für den Kampf nicht geeignet. Da wir aber nicht wußten, daß ein Kampf stattfinden würde, konnten wir nicht darauf vorbereitet sein. Unsere Häuptlinge ritten mit den jungen Männern schnell hinab ans Ende des Lagers gegenüber dem Hügel, auf dem jetzt der große Stein steht, den die Weißen dort aufgerichtet haben, wo Langhaar fiel. Die weißen Männer wurden von allen Seiten eingeschlossen: Ich sah Crazy Horse mit den Cheyenne, Crow King mit den Hunkpapa und Häuptling Gall mit vielen jungen Männern gegen den Feind stürmen. Der Rauch vom Schießen und der von den Pferden aufgewirbelte Staub verhüllten den Hügel.
Als wir Frauen dorthin kamen, lebten keine Soldaten mehr, und Langhaar lag tot unter den Seinen. Da waren mehr als zweihundert tote Soldaten auf dem Hügel, und die Knaben des Lagers schossen auf die Toten; denn das Blut der Unsern war heiß, und ihre Herzen waren schlimm. Sie machten keine Gefangenen an diesem Tag.
Die Männer auf dem Hügel, die Überlebenden von Renos und Benteens Bataillonen, waren dort sicher.

Nur fehlte das Wasser. Gall hielt mit seinen Leuten den Fluß besetzt. Einige Soldaten wurden erschossen, als sie das Wasser zu erreichen suchten. In der Nacht wurden viele Feuer angezündet. Unsere Herzen waren froh. Wir hatten viele Gewehre, Patronen und Pferde erbeutet. Die ganze Nacht hindurch wurde getanzt und gesungen. Die Männer wollten die Soldaten Major Renos angreifen, aber Gall, Crow King und Crazy Horse scheuten sich, das Leben ihrer Krieger aufs Spiel zu setzen, da sie hofften, daß die Langmesser dem Mangel an Wasser zum Opfer fallen würden.

Am nächsten Tag hörten wir, daß viele Soldaten anrückten, und wir trafen Vorbereitungen, nach den neuen Jagdgründen abzuziehen. Es gab auch Trauer bei uns. Wir hatten zweiundzwanzig Tote. Der Preis war nicht hoch, aber welche Frau, Mutter oder Schwester denkt nicht an sich, wenn sie die Ihren tot auf dem Schlachtfeld findet?

Die Toten nahmen wir viele Tage mit uns, denn bei den Weißen waren Crow-Scouts, die die Gräber unserer Toten entweiht hätten. Wir wollten keine Dakotaskalpe an ihren Tipistangen flattern wissen.

So verließen wir den Greasy Grass River und zogen nach Kanada, wo wir fünf Winter blieben und häufig großen Mangel litten.

So schlugen die Dakota Langhaar und seine Soldaten im Tal des Greasy Grass River, woran mein Volk mit Bedauern denkt, doch ohne Beschämung."

One Bull: Was mir Sitting Bull befahl

„Ich war in Sitting Bulls Lager am Little Big Horn. Immer wenn die Häuptlinge ihre Ratsversammlungen hatten, kamen wir in Sitting Bulls Lager, weil er ein guter Medizinmann war. Ich war damals ein junger, starker Mann von zweiundzwanzig Jahren.

Am Tage der Schlacht saß ich in meinem Zelt und kämmte mir die Haare. Es mag wohl zwei Uhr nachmittags gewesen sein. Hernach ging ich hinaus und band mein grasendes Pferd an. Da sah ich einen Mann ins Lager rennen. Er rief, daß von der anderen Seite des Lagers Soldaten kämen, die einen Knaben namens Deeds getötet hätten, als er sein Pferd anbinden wollte. Ich sah dann die Soldaten auf der gleichen Seite des Flusses gegen unser Lager anrennen. Wir konnten viele Schüsse hören.

Ich ging nun in das Zelt meines Onkels Sitting Bull und sagte ihm, daß ich am kommenden Kampf teilnehmen würde.

‚Geh', sagte er. ‚Sie haben bereits gefeuert.'

Ich hatte ein Gewehr und viele Patronen, doch gab ich dieses Sitting Bull, der mir dafür einen Schild reichte. Ich nahm den Schild und meinen Tomahawk, bestieg mein Pferd und zog in den Kampf, wo die Soldaten uns angriffen.

Sie schossen sehr heftig. Alle waren unten in der Nähe des Flusses in einem Gehölz. Nach einem Ritt mit anderen Kriegern tötete ich zwei Soldaten mit dem Tomahawk. Die Soldaten überquerten dann den Fluß. Ich rettete den verwundeten Hübschen Bären und nahm ihn auf mein Pferd. Vor meiner Verfolgung der Soldaten über den Fluß ließ ich den Hüb-

schen Bären erst absteigen. Am anderen Ufer tötete ich nochmals einen Mann mit dem Tomahawk. Dann sah ich vier Soldaten vor mir gegen den Hügel anrennen. Als ich sie verfolgen wollte, ritt jemand an meine Seite und sagte: ‚Du gehst am besten nicht zu weit, du bist verwundet.‘

Es war mein Onkel Sitting Bull. Ich war nicht verwundet, sondern nur vom Blut beschmutzt, welches Hübscher Bär, als er auf meinem Pferd ritt, vergoß. Ich tat, als wollte ich Sitting Bull gehorchen.

Sitting Bull ritt wieder zurück, ich ging aber weiter. Nun sah ich die Soldaten zusammen auf dem Hügel und erkannte auch die anderen, die mit den Packtieren weit in der Ferne heranzogen. Dann ging ich mit meinem Pferd zurück und überquerte wieder den Little Big Horn.

Nun erblickten wir einen Trupp Berittene auf dem nördlichen Hügel. Es waren Dakota. Wir ritten hinauf, und ich erzählte ihnen, daß ich viele Soldaten mit dem Tomahawk getötet hätte, wobei ich ihnen diesen zeigte. Dann sagte ich, daß ich jetzt gehen werde, um Custers Soldaten zu töten. Mein Onkel Sitting Bull erklärte mir jedoch, ich solle nicht gehen, so blieb ich, und wir ritten zu der Stelle, wo wir sahen, wie die Dakota und Cheyenne die Custer-Männer töteten.

Die Soldaten feuerten heftig, aber die Indianer griffen sie direkt von Westen an, einige ritten auch gegen Norden um sie herum. Als wir näher kamen, waren es nicht mehr viele Soldaten, die schossen. Die Indianer warfen die noch Berittenen von den Pferden und töteten sie mit ihren Tomahawks und Kriegskeulen. Alle wurden getötet. Auch viele Dakota fielen.

Die verwundeten Indianer wurden auf die Pferde genommen und ins Lager zurückgebracht.
Dann führten wir einen Kriegstanz auf, der die ganze Nacht andauerte. Erst gegen Morgen hörten wir, daß die Soldaten mit den Packpferden auf dem Hügel wären. Die Indianer griffen diese sofort an. Ich wollte mit Sitting Bull gehen und meldete mich freiwillig, doch dieser sagte: ‚Nein!'
Wir verfolgten den Kampf von einem Hügel aus. Ich hatte nur den Tomahawk bei mir. Die Dakota kreisten die Soldaten ein und bekämpften sie so den ganzen Tag.
Gegen Sonnenuntergang brachen die Dakota die Zelte ab und zogen in die Berge. Wir machten keine Gefangenen. Ich war mit Sitting Bull in seinem Lager. Er sagte den Männern, was sie zu tun hätten.
Bevor wir das Lager abbrachen in dieser Nacht, sahen wir die Soldaten von Terry und Gibbon, wie sie vom Fluß heraufkamen. Mein Onkel Sitting Bull sagte aber: ‚Diese wollen wir nicht angreifen. Wir haben genug getötet. Wir wollen jetzt gehen.'"

Braver Wolf: Es war ein erbittertes Gefecht

Braver Wolf, Häuptling der Cheyenne, erzählte unter anderem, daß er im Kampf gegen Major Reno stand, bis er das Schießen weiter unten am Fluß hörte, worauf alle Indianer dort hinunter zogen. Er fand General Custers Leute nahe am Fluß, aber keinen auf der Seite, wo das Indianerlager war.
„Gerade als ich hier ankam, begannen die Soldaten, sich die enge Schlucht hinauf zurückzuziehen, sie

waren alle in Kampflinie aufgestellt, schossen gut und kämpften tapfer, aber es waren so viele unserer Leute um sie herum, daß sie sich nicht helfen konnten, sie wurden getötet. Sie hielten sich in Kampflinie, kämpften und fielen von ihren Pferden, den ganzen Weg hinauf lagen sie bis nahe dorthin, wo jetzt das Denkmal steht. Ich denke, daß alle ihre Pferde getötet wurden, bevor sie auf die Höhe des Hügels gelangten.
Ein Teil von denen, die die Höhe erreichten, ging hinüber und versuchte, zum Fluß zu kommen, aber wir töteten alle, während sie den Hügel herabkamen. Es war ein erbittertes Gefecht, sehr scharf die ganze Zeit. Ich bin in vielen harten Kämpfen gewesen, aber nie sah ich solch tapfere Männer."

Runs The Enemy: Sie wollten uns das Land nehmen

„Ich kämpfte im Custer-Gefecht mit einer Schar von hundertdreißig Two-Kettle-Dakota. Mit der Auszeichnung und dem Erfolg, den ich in früheren Schlachten gehabt hatte, war ich wohl fähig, diese Macht im Kampf zu führen.
Wir lagerten zwei Tage im Tal des Little Big Horn. Am dritten Tag wollten wir das Lager abbrechen und weiterziehen, aber die alten Männer wollten noch einen andern Tag dableiben. Danach wurden die Pferde wieder losgelassen. Sie weideten auf den Hügeln nördlich, westlich und südlich, und wir blieben im Lager. Alles war ruhig.
Ich ging hinüber zu dem großen Tipi, wo verschie-

dene führende Männer waren. Wir saßen hier plaudernd und rauchend. Etwa um zehn Uhr kam ein Trupp Dakota zurückgejagt, der das Lager besucht und sich wieder auf den Heimweg begeben hatte. Sie brachten die Nachricht, daß die Soldaten kommen.

Wir konnten schwerlich glauben, daß die Soldaten so nahe seien, und ließen uns auch durch den Bericht nicht sehr aus der Fassung bringen. Die Soldaten waren doch nach Wyoming zurückgegangen, und wir dachten nicht, daß sie nahe genug seien, um uns anzugreifen; und in der Geschichte unseres ganzen Stammes, Generationen zurück, gab es kein Beispiel, daß Soldaten oder Indianer ein Dakotalager bei Tag angegriffen hatten, sie hatten immer die Nacht abgewartet. Und immer noch saßen wir rauchend da.

Nach kurzer Zeit hörten wir das Krachen von Büchsen, und Kugeln pfiffen durch das Lager von der anderen Seite des Flusses her. Ich ließ meine Pfeife liegen und rannte, so rasch ich konnte, wie alle zu unseren Tipis. Da tönte das Geschrei durch das Lager: ‚Die Soldaten sind da!'

Ich packte mein Gewehr und den Patronengürtel. Der Lärm und die Verwirrung waren so groß, daß wir nicht wußten, was wir taten. Ich hatte keine Zeit, meine Kriegsmütze aufzusetzen; ich sprang auf das Pferd, das ich hatte, und jagte hin, wo das Gewehrknattern ertönte. Das erste, was ich sah, als ich zur Kampflinie kam, war ein Pferd mit einem Zaum und mit herabhängenden Leinen bei einem toten Dakota.

Ich hatte gedacht, ich wäre schnell, aber ich fand schon eine ganze Anzahl Dakota vor. Wir waren alle nackt; und die Soldaten mit ihren Packsätteln und ihren Uniformen und ihren schwarzen Pferden sahen aus wie große starke Büffel.

Die Dakota ritten alle auf den Hügel und brachten die Soldaten in Verwirrung. Vor Staub und Rauch konnten wir sie nicht mehr sehen, als sie sich gegen den Fluß zurückzogen. Die Dakota waren frisch und den Soldaten bald auf den Fersen. Wir kämpften mit ihnen, bis sie sich in Unordnung wandten und in den Fluß mußten, der sehr tief war. Wir jagten sie durch den Fluß. Ich wußte den Namen des Kommandeurs der Soldaten um diese Zeit nicht, aber ich hörte später, daß es Major Reno war.

In den Berichten meines Urgroßvaters hatte ich niemals von einem solchen Angriff bei hellem Tage etwas erfahren. Nachdem sie sich über die Hügel zurückgezogen und wir eine große Anzahl von ihnen getötet hatten, war dieser Kampf beendet.

Als wir mit dem Reno-Gefecht geendet hatten und ins Lager zurückkehrten, sahen wir zwei Männer auf den Reno-Hügeln ihre Decken schwenken, so stark sie konnten. Zwei von uns ritten hinüber. Sie riefen uns zu, daß eine Streitmacht komme und über unsere Frauen und Kinder herfallen wolle. Ich ging mit den anderen hinüber, spähte über die Hügel und sah die Soldaten anrücken. Es sah aus, als ob Tausende von ihnen da wären, und ich dachte, wir würden sicherlich geschlagen werden.

Als ich zurückkehrte, sah ich Hunderte von Dakota. Ich rief meine Leute zusammen, nahm die Bänder aus meinem Haar, zog auch Hemd und Beinkleider aus, warf sie weg und behielt nichts als meinen Patronengürtel und das Gewehr. Ich dachte, die meisten

Dakota werden heute fallen, ich will mit ihnen fallen.
Um diese Zeit erschien Sitting Bull. Er sagte, und mir ist gerade, als ob ich ihn in diesem Augenblick hören könnte: ‚Ein Vogel, wenn er auf seinem Nest sitzt, breitet seine Flügel aus, um das Nest und die Eier zu schützen. Er kann nicht seine Schwingen zur Verteidigung gebrauchen, aber er kann Lärm schlagen und versuchen, den Feind wegzutreiben. Wir sind hier, um unsere Frauen und Kinder zu schützen, und dürfen nicht die Soldaten über sie kommen lassen.‘ Er saß auf einem Buckskin-Pferd und ritt von einem Ende der Linie zum anderen mit dem Ruf ‚Kämpft tapfer!‘
Wir waren alle auf dem Hügelrücken entlang versteckt. Während Sitting Bull so sprach, sah ich, daß die Cheyenne Custer von der West-, Nord- und Ostseite her einschlossen, und wir füllten die Lücke auf der Südseite. Noch war hier kein Schuß gefallen.
Dann griffen die Dakota von der Rückseite an. Das Erwiderungsfeuer war so stark, daß wir uns wieder über den Hügel zurückziehen mußten. Ich befahl meinen Leuten, die Stellung zu halten. Wir fingen eine Anzahl von Custers Pferden und trieben sie gegen den Fluß. Sie waren so durstig, daß sie, sobald wir den Fluß erreichten, stillstanden und tranken. Sie waren alle beladen mit Patronen und Decken und all dem Zeug, das die Soldaten mit sich führten.
An dem Schlußangriff nahm ich teil. Als der letzte Soldat getötet war, erhob sich der Rauch wie ein Berg über unsere Köpfe. Die toten Soldaten lagen stellenweise übereinander, hier und da ein Indianer unter ihnen.

Die Soldaten hatten zuerst auf uns geschossen, und wir erwiderten das Feuer.
Sitting Bull ermahnte uns und alle Stämme, wir sollten tapfer kämpfen. Das taten wir und fühlten, daß es eine große Schlacht war und kein Gemetzel.
Über den Grund des Kampfes kann ich sagen: Wir Indianer wußten, daß uns die Soldaten zwingen wollten, in die Reservation zurückzukehren, damit sie unser Land wegnehmen konnten.
Nach der Schlacht sammelten die Frauen ihre toten Männer und Brüder, legten sie zärtlich in mehrere Tipis und verließen sie. Die Soldaten aber gingen hin und verbrannten die Tipis.
Nach meiner Schätzung waren etwa zweitausend kampftüchtige Krieger an dem Gefecht beteiligt. Gewehre und Munition, die wir von den toten Soldaten von Custers Kommando sammelten, setzten uns in bessere Kampffähigkeit als je zuvor. Aber dennoch ging die Meinung unter den Indianern, daß wir genug getötet hätten, und wir wünschten auch keineswegs, noch mehr zu kämpfen."

Wambli ho waste: Ich sah Custer vor der Schlacht

„Ich selbst war nicht in der Schlacht. Ich sah General Custer, als er das Fort Lincoln vor dem Kampf verließ.
Gerade als er im Begriff war, das Fort Lincoln zu verlassen, kam eine Abordnung Dakotaindianer, bei der auch ich war, um ihn zu sehen, und wir baten ihn, nicht gegen die Dakota zu kämpfen, sondern in

Freundschaft zu ihnen zu gehen. Ich war der Führer der Abordnung. Wir baten ihn, uns zu versprechen, daß er nicht gegen die Dakota kämpfen würde, und er erhob seine Hand.
Nach dem Schwur bat er mich, mit meiner Abordnung nach Westen zu ziehen, nach diesen umherschweifenden Dakota zu sehen und ihnen zu sagen, daß sie in die Reservation zurückkommen sollen, er wolle ihnen Nahrung, Pferde und Kleidung geben.
Nachdem wir diese Unterredung gehabt hatten, verließ er die Agentur. Wir hörten kurze Zeit später, daß er gegen die Indianer gekämpft hatte und daß er mit vielen seiner Männer getötet worden war. Er hatte uns keine Zeit gelassen, um mit unseren Brüdern über sein Angebot zu verhandeln. Custer suchte den Kampf, und das führte ihn und einen großen Teil seiner Leute in den Tod."

Frank Finkel von Dayton – der einzige weiße Überlebende?

Es ist sehr wahrscheinlich, daß es in der Custer-Schlacht einige Vermißte gegeben hat. Somit bleibt also die Möglichkeit, daß es dem einen oder andern gelungen sein mag, vom Schlachtfeld wegzukommen. Crazy Horse, Red Cloud, auch Rain-In-The-Face bestätigten übereinstimmend mit anderen Augenzeugen, daß dies einem verwundeten Soldaten gelungen sein soll. Sofort ergeben sich aber eine Reihe von Fragen. Was geschah mit ihm? Vollbrachte er diese erstaunliche Leistung, ohne seinen Wunden zu erliegen?

War es Frank Finkel?

Frank Finkel wurde in Washington Country, Ohio – am Ohiofluß –, in der Nähe der heutigen Stadt Marietta geboren.

Dr. Kuhlmann veröffentlichte in einer Studie die genauen Aussagen Finkels, die seine Frau mitgeteilt hat, doch kann hier nur das Wesentlichste wiedergegeben werden. Es heißt da: „Frank Finkel trug sich Ende Oktober achtzehnhundertvierundsiebzig unter dem Namen Frank Hall in die Armee ein und wurde nach Cheyenne, Wyoming, beordert. Nachdem er zur Eskadron C des siebenten Kavallerieregiments eingeteilt wurde, nannten ihn seine Freunde Frank Finkel.

Als der Kampf sehr heftig war und sie, eingekreist von allen Seiten, wie Ratten in der Falle saßen, hielt er sein Gewehr zum Schießen bereit. Da traf eine Kugel seinen Gewehrkolben. Ein Splitter des getroffenen Holzkolbens verletzte ihn genau zwischen beiden Augen. Das herabfließende Blut lief ihm in die Augen und machte ihn nahezu blind. In diesem Moment traf eine Kugel sein Pferd in die Flanke, es machte einen Satz und stieg kerzengerade empor, da erhielt es noch einen Schuß.

Das Pferd schnellte mit ihm in rasendem Tempo geradeaus durch die Indianer. Er hatte absolut keine Gewalt mehr über sein Pferd, und alles, was er tun konnte, war, sich festzuklammern und es durchgehen zu lassen. Als er durch die Indianer stob, erhielt er einen Schuß in die Seite, und ein anderer Schuß drang in sein Bein. Die Indianer verfolgten ihn ein Stück, aber das scheue Pferd raste weiter und ließ die Verfolger zurück.

Als er außer Reichweite der Indianer war, hielt er endlich sein Pferd an, sah nach seinen Wunden und legte sich einen Verband aus der Wolldecke an, die er bei sich trug, um das Blut zu stillen. Dann ritt er weiter, bis er zu einem Bach kam, dessen alkalihaltiges Wasser weder er noch sein Pferd trinken konnten. Er ritt weiter, und gegen Abend erreichte er einen Fluß. Er war sehr durstig und versuchte Wasser zu trinken, doch wurde ihm übel, und er legte sich ins Gras, um sich auszuruhen. Seinen Revolver verbarg er neben sich.

Einige Zeit darauf hörte er Stimmen und Pferdegetrappel. Dann beobachtete er zwei Indianer, die, wie er hoffte, ihn nicht entdecken würden, doch sein Pferd wieherte, und die Indianer hielten an. Sie fanden ihn dort am Boden liegen, verwundet und mit Blut bedeckt.

Nachdem sie ihn einige Male mit den Füßen getreten hatten und er absolut kein Lebenszeichen von sich gab, nahmen sie an, er wäre tot, griffen nach seinem Munitionsgürtel und gingen weg. Als ihm die Indianer den Rücken kehrten, schoß Finkel und tötete einen, während der andere, der einen Hinterhalt befürchtete, floh. Finkel nahm dem Toten seinen Munitionsgürtel wiederum weg sowie des Indianers Munition und stellte fest, daß die Munition die gleiche war, wie sie die Soldaten verwendeten.

Er zog weiter, versuchte wiederum zu kampieren, fand aber kein trinkbares Wasser. Erst am andern Tag stieß er auf eine Quelle. Hier trank er so viel Wasser, daß er davon krank wurde. Diesmal fiel es ihm schwer, vom Pferd zu steigen, da ihm die Wunde in der Seite Schmerzen bereitete und das Bein sich

schwarz zu färben begann.
Nach einer Weile sah er eine Hütte, ein Mann sägte Holz davor. Als der Mann Finkel erblickte, nahm er sein Gewehr und forderte den Reiter zum Anhalten auf. Er fragte den Fremden, was er wolle. Finkel bat um irgend etwas zu Essen. Er sei verwundet und möchte seine Wunden frisch verbinden. Der Mann fluchte jedoch und befahl ihm, seines Weges zu gehen, da er nichts für ihn übrig hätte. Finkel sagte ihm, daß er unmöglich ohne seine Hilfe weiterziehen könnte. Er würde sonst sterben, weil er schwer verwundet und seit einigen Tagen ohne Nahrung sei. Der Mann willigte endlich ein, hielt ihn aber noch immer mit seinem Gewehr in Schach. Als er dann Finkels Lage sah, half er ihm vom Pferd und geleitete ihn in die Hütte."
Im Oktober war Finkels Gesundheitszustand wieder so weit hergestellt, daß er sich von diesem Mann, der offenbar ein „outlaw" war, verabschieden konnte. Er wandte sich nach dem Fort Benton und bat dort um die Entlassung aus der Armee. Man erwiderte ihm, daß für seine Entlassung zwei Augenzeugen notwendig seien, die jedoch von Finkel nicht beigebracht werden konnten. Sein Hinken, die Narbe über der Stirn und die Wunde an der Seite waren Zeugnisse, daß er an der Schlacht teilgenommen hatte und dabei dienstuntauglich geworden war. Sein Kommando lag aber achthundert Meilen entfernt im Fort Lincoln – und da keine Schiffsverbindung bis zum nächsten Sommer möglich war, kümmerte sich Finkel nicht mehr darum.
Dr. Kuhlmann kommt zur Schlußfolgerung, daß eigentlich nichts Ungewöhnliches an der Finkel-Ge-

schichte ist, und in seiner Studie bemerkt er richtig: „Das allein sagt zwar nicht, daß seinc Geschichte wahr ist. Wir müssen etwas Positives wissen, um klar darzulegen, daß er im Kampf auf dem Custer-Feld war.

Wir haben keine Augenzeugen, mit Ausnahme der Indianer, die den Kampf sahen oder daran teilnahmen. Wie können wir da bestätigen, daß die Finkel-Geschichte wahr oder falsch ist?

Zur Klärung dieser Frage müssen wir uns mit einigen Details des Kampfes beschäftigen. Finkel sagt aus, daß er zur Eskadron C gehörte, die dicht am Custer-Hügel stand. Auf der nördlichen Seite deckte Eskadron C, auf der südlichen Eskadron E. Somit hielt E die linke Flanke. Die rechte wurde durch eine Anzahl Krieger, die vom Westen her unter dem Süd-Cheyenne-Kriegshäuptling Lahmer Weißer Mann angriffen, zerschlagen. Die Männer auf der linken Flanke waren abgestiegen, und jeder einzelne hielt sein Pferd am Zügel. Dies machte sie vollständig hilflos. Als der Cheyenne-Häuptling mit seinen Kriegern heranstürmte, scheuten die Pferde. Während sich die Reiter mit ihnen beschäftigten, waren die Indianer bereits mitten unter ihnen. Über ein Drittel der Truppe wurde hier getötet.

Dieser Angriff des Lahmen Weißen Mannes wurde gegen die äußerste Rechte von Eskadron E, die mit C verbunden stand, geführt. Lahmer Weißer Mann griff auch die ganze Front von C an. Aber diese Einheit war nicht von den Pferden gestiegen. Sie hielt ihre Linie beritten, bis die Lage von E unhaltbar verloren war, und galoppierte erst dann hinter den Hügel in Deckung. Da die Indianer zu Fuß kämpften, konnten

sie das nicht verhindern.
Wieso kennen wir diese Details? Die sehr klaren Cheyenne-Aussagen, unterstützt durch die Lage der Grabsteine und alles, was sofort nach der Schlacht auf dem Feld gefunden wurde, lassen darauf schließen. Der Lahme Weiße Mann und seine Krieger eröffneten nämlich das Feuer nicht, bevor die Truppen ihre Pferde losließen.
Wenn sich Finkel also auf der äußersten Linken von Eskadron C befand, so war er an der schlimmsten Stelle des kurzen Tumultes, nämlich am Ende des Hügels. In der indianischen Umklammerung bestand tatsächlich, bis der Kampf fast vorüber war, eine Lücke von etwa zweihundertfünfundsiebzig Metern. Häuptling Gall und seine Krieger lagen in den Schluchten auf der südöstlichen Ecke vom Schlachtfeld im Hinterhalt, während sich Crazy Horse und andere im Norden des Hügels verborgen hielten.
Weder die Krieger von Gall noch die von Crazy Horse hätten Finkel töten können, ohne dadurch ihre Anwesenheit im Hinterhalt zu verraten, und zwar den Truppen, die immer noch in beträchtlicher Stärke am Custer-Hügel standen.
Der Kernpunkt ist also der, daß die Krieger von Gall ebenso wie die von Crazy Horse die Lücke nicht schließen konnten, ohne daß man sie entdeckt haben würde.
Eins ist sicher: Finkel hätte unmöglich etwas aussagen können, was südlich des Hügels passierte, wenn er nicht selbst im Kampf gestanden hätte oder auf dem Feld gewesen wäre."
Soweit Dr. Kuhlmanns Bericht über Finkel.

Sitting Bull – wie er lebte und kämpfte

Tatanka Yotanka, was auf englisch Sitting Bull und zu deutsch Sitzender Bison heißt, war der Name jenes Dakota-Häuptlings, in dem sich in der zweiten Hälfte des neunzehnten Jahrhunderts das indianische Wesen am reinsten offenbarte. An der Spitze der Hunkpapa-Teton-Dakota erwies er sich als ein echter Indianerführer, ein Mann, der ebenso kühn und unerschrocken wie gerecht und klug war. Es ist bezeichnend, daß er von den Weißen schon zu seinen Lebzeiten oft mit Napoleon verglichen wurde. Der große indianische Häuptling und Medizinmann war allerdings kein Usurpator und Eroberer, sondern im Gegenteil mit seinem Stamm ein Opfer der amerikanischen Kolonialpolitik. Aber er glich dem großen Korsen in seiner Energie, seiner Unerschrockenheit und Kühnheit, seinem strategischen Genie. Ihm gehörte die Liebe seiner Landsleute, die in ihm ihren klugen und gerechten Führer aufs tiefste verehrten und ihm bedingungslos vertrauten. Er wurde von seinen Freunden geliebt und geachtet, von seinen Feinden gehaßt, gefürchtet und verunglimpft.
Von Sitting Bulls Geburt und Jugendjahren ist nur wenig überliefert. Er wurde achtzehnhundertvierunddreißig im südlichen Dakota am Grand River geboren. Sein Vater soll oberster Häuptling gewesen sein und den später auf seinen Sohn übertragenen Namen Sitting Bull oder auch Four Horns, Vier Hörner, geführt haben. Es wird erzählt, daß der Junge ein

furchtloser, munterer und flinker Bursche war, sich schon mit zehn Jahren an die Büffelherden wagte und es, wenn auch nicht auf die ausgewachsenen Tiere, so doch auf die Büffelkälber abgesehen hatte. Er wurde in seiner Jugend Springender Hamster genannt. Bald sollte er diesen Namen mit einem andern, der sein Ruhmes- und Ehrenname wurde, vertauschen.

Die wörtliche Übersetzung des Namens Tatanka Yotanka aus der Tetonsprache ins Englische heißt Buffalo Bull Sitting Down, zu deutsch Sitzender Bisonstier. Der Bisonbulle wurde von den Prärieindianern als das stärkste und weiseste von allen Tieren verehrt. Trägt ein Mann den Namen Bisonstier, so zeigt dies, welch hohen Rang er einnimmt. Das Wort „sitzender" gebrauchen die Indianer genau wie wir zur Bezeichnung der sitzenden Stellung. Die in diesen Namen übertragene Bedeutung lautet aber: ein Bisonbulle, der ständig unter uns weilt.

Bereits im Alter von vierzehn Jahren nahm ihn sein Vater auf seinem Kriegszug gegen die Crow-Indianer mit. Hierbei zeigte sich, daß der Junge ein tapferer roter Krieger zu werden versprach. Sein Vater, in Freude und Stolz über die furchtlose Haltung seines Sohnes, richtete nach der Heimkehr aus erfolgreichen Kämpfen eine Siegesfeier aus, auf der er viele Beutegeschenke wie Pferde und Ponys verteilte und seinem nunmehr im Kampfe erprobten Sohn den Namen Sitting Bull verlieh.

Obwohl der Junge damit in die Reihe der waffentüchtigen Krieger aufgenommen worden war und von achtzehnhundertneunundsechzig bis achtzehnhundertsechsundsiebzig vor allem an den Kriegszügen gegen die Crow-Indianer hervorragend teilgenommen hatte, war später sein Ruhm als Medizinmann zumindest ebenso groß wie der als Krieger. Als Medizinmann hatte er außergewöhnliche Geistesgaben ins Feld zu führen. Seine überlegene geistige Kraft half ihm wesentlich, den aufsehenerregenden Sieg am fünfundzwanzigsten Juni achtzehnhundertsechsundsiebzig über General Custer am Little Big Horn zu erringen.

Fast noch eindrucksvoller als dieser Sieg war der Rückmarsch, mit dem sich die Indianer unter Sitting Bull der Verfolgung durch die amerikanische Übermacht entziehen und sich nach Kanada unter englische Oberhoheit begeben konnten. Es war ein strategisches Meisterstück, wie der kühne Indianerhäuptling der gewaltigen Übermacht geschickt auswich, dennoch den amerikanischen Truppenmassen in langen Kämpfen schwerste Verluste zufügte und im September achtzehnhundertsiebenundsiebzig seine Tausende von Kriegern mitsamt den rund sechstausend Frauen und Kindern auf kanadischen Boden in Sicherheit brachte, wo er an den Wood Mountains ein Lager bezog.

Vier Jahre lebte Sitting Bull mit seinem Stamm in Kanada. Um dort ihr Dasein fristen zu können, waren die Indianer im Laufe der Zeit gezwungen, alle ihre Habe einschließlich ihrer Gewehre zu verkaufen. Mit den Jahren gab es auch keine Büffel mehr zu jagen, und eine Hungersnot mit all ihren Schrecken bedrohte Sitting Bull und die Seinen. Infolgedessen kehrten fast alle seine Krieger über die Grenze zurück und ergaben sich den Amerikanern. Nur wenige Getreue scharten sich noch um ihren Häuptling.

Er versammelte am zwanzigsten Juli achtzehnhunderteinundachtzig seine bei ihm gebliebenen Anhänger, um sich mit ihnen im Fort Bufort den Amerikanern zu stellen.

Bei seiner Ankunft verharrte der stolze, nur durch die Not überwundene Mann vor dem amerikanischen Kommandanten des Forts einige Minuten in Schweigen, bis er seinem kleinen Sohn Crow Foot gebot, dem Offizier das Gewehr des Vaters zu übergeben, was der Knabe tat.

Darauf wandte er sich an den Kommandanten und sprach die uns wörtlich überlieferten bedachtsamen Worte:

„Ich überreiche dieses Gewehr durch meinen Sohn, der dadurch zum Freund der Amerikaner werden soll. Ich wünsche, daß er die Gebräuche der Weißen kennenlerne und daß er wie deren Söhne erzogen werde. Ich wünsche, man möge immer an die Tatsache denken, daß ich der letzte meines Stammes war, der sein Gewehr übergab. Und nun möchte ich wissen, wie wir uns weiterhin ernähren sollen. Was Sie zu geben und zu sagen haben, möchte ich jetzt von Ihnen wissen und hören, da ich darüber nicht länger im dunkeln bleiben will. Von den Boten, die ich von Zeit zu Zeit hierhersandte, ist keiner mit Nachrichten zurückgekehrt. Crow King und Häuptling Gall wollten nicht, daß ich hierherkomme. Ich habe niemals gute Nachrichten von ihnen erhalten. Dies ist mein Land, und ich will nicht genötigt werden, es aufzugeben. Als ich das Land der Großen Mutter (gemeint war die englische Königin Victoria) verlassen mußte, war mein Herz tiefbetrübt. Sie war mir eine Freundin, jedoch ich will, daß meine Kinder in meinem Heimatland aufwachsen, und ich wünsche, daß alle Krieger unseres Stammes auf einer uns gehörigen Reservation am Little Missouri zusammen wohnen können."

Am neunundzwanzigsten Juli wurde Sitting Bull mit seinem Gefolge auf dem Dampfer „Sherman" nach dem Fort Yates gebracht. Wortkarg, finster und verschlossen starrten die Indianer in das gelbe, aufgequirlte Wasser des Yellowstone River. Erst als nach mehrtägiger Fahrt die Landungsstelle in Sicht kam, versammelten sich sämtliche Häuptlinge auf dem oberen Deck des Dampfers. Einer von ihnen entfaltete eine hellfarbige Flagge, und als sie im Winde flatterte, erhoben die Häuptlinge ihre Stimme zu einem indianischen Gesang.

Tausende von Indianern hatten sich eingefunden, um die Landenden zu begrüßen. Als der Dampfer anlegte, erstarb der Gesang der Ankömmlinge.

Während dieser ganzen Zeit stand Sitting Bull in steinerner Ruhe, stumm, unbeweglich, ohne sich an dem Tun seiner Leute zu beteiligen. Von allen Häuptlingen war sein Äußeres am einfachsten, seine Kleidung ohne jeden Zierat, und niemand hätte in ihm den großen Krieger vermutet.

Sobald die Laufbretter vom Dampfer auf das Ufer geschoben waren, kam vom Lande her der Häuptling Tatoka Tyanka an Bord, eilte auf das obere Deck und umfaßte Sitting Bull, legte seine Wange an die des großen Häuptlings und rief in der Sprache der Dakotas aus: „Mein Lieber!"

Sitting Bull rührte sich nicht. Als aber Tatoka Tyanka vor die Häuptlinge hintrat, ihnen die Hände schüttelte und ihnen ein ums andre Mal einen herzli-

chen Willkommensgruß zurief, da ward auch Sitting Bull gerührt. Tränen standen ihm in den Augen. Im Fort Yates verblieb der große Häuptling mit seiner Schar nur kurze Zeit. Die Amerikaner fürchteten den entwaffneten Häuptling, gegen den Krieg zu führen sie fünfzig Millionen Dollar gekostet hatte. Seine gewandte Redekunst wirkte immer noch stark auf die Indianer. Er wurde am zehnten September achtzehnhunderteinundachtzig mit seinen ihm in den Tagen des Unglücks treu gebliebenen fünfundvierzig Kriegern nebst deren Frauen und Kindern nach dem Fort Randall verschickt. Unter den Getreuen befanden sich hervorragende Männer, darunter die einflußreichen Häuptlinge Heutopa, Wakia Luta, Tatanka Washila. Auch seine zwei Frauen, deren eine den Namen Hübsche Feder trug, und seine neun Kinder begleiteten ihn.

Nach siebentägiger Fahrt langte die zusammen hundertachtundsechzig Köpfe zählende Gruppe im Fort Randall an. Als in der Garnison Depeschen den Besuch der „furchtbaren“ Gäste ankündigten, traf man dort in heillosem Schrecken sogenannte Sicherungsmaßnahmen. Man hatte ein Stück Land mit zehn Fuß hohen, mannsdicken Palisaden, die von einem kleinen, mit Schießscharten durchbrochenen Blockhaus überragt wurden, umzäunt.

Als nun die unwillkommenen indianischen Gäste kamen, war die ganze Garnison mit geladenen Gewehren und Geschützen aufmarschiert. Zuvorkommend und aufs höflichste wurden die Indianer eingeladen, gefälligst in den Palisadenverhau hineinzuspazieren. Diese jedoch lehnten solche Zumutung kalt ab und weigerten sich entschieden, ihr Folge zu leisten. Sie erklärten, lieber sterben zu wollen, als sich wie eine Herde von Kälbern einsperren zu lassen. Auf diese kategorische Weigerung hin wies man ihnen endlich einen Platz westlich vom Fort an, der von starken militärischen Posten bewacht wurde und ohne weiteres mit Artillerie bestrichen werden konnte. Erst später, als man merkte, daß sich mit den „roten Teufeln" ganz gut verkehren ließ, schwand die Furcht. Es wurden ihnen nach und nach kleine Vergünstigungen eingeräumt und das Lager, als die Winterstürme kamen, in die durch Baumbestand geschützte Niederung am Fluß verlegt.

Sitting Bull, der von seiner Jugend an bis zu seinem Tode gegen die Amerikaner einen tiefen, durchaus begründeten Haß hegte, war nunmehr ganz gegen seinen Willen zu einem Reservationsindianer geworden. Er konnte es niemals verwinden, daß die Washingtoner Behörden ihre den Dakota wiederholt feierlich zugesicherten Verträge rücksichtslos brachen. Der große Medizinmann konnte es nicht begreifen, daß unter dem Deckmantel der Gerechtigkeit, die er außerordentlich hochhielt, brutale Ungerechtigkeit und Willkür herrschten. Er wollte nichts anderes als Gerechtigkeit, nichts anderes als Wahrheit. Nur so ist die verbitterte Äußerung erklärlich, die er in dieser Zeit tat: „Schickt mir aus Washington einen Mann, der die Wahrheit spricht, und ich werde ihm zuhören."

Ein solcher Mann kam aber nicht.

Mehr und mehr verhärtete sich das Herz Sitting Bulls, und mehr und mehr wurde sein Lager der Mittelpunkt des Widerstandes derjenigen Dakota, die sich nicht bedingungslos den Weißen fügen wollten

und denen noch immer als höchstes Ziel ihres Lebens Unabhängigkeit, Freiheit und Gerechtigkeit vorschwebten.
Das Lager mit Sitting Bulls Getreuen befand sich am Grand River, etwa vierzig Meilen südwestlich vom Fort Yates und von der Agentur des Agenten McLaughlin entfernt. (Die Agenturen waren die Vertretungen der Washingtoner Regierung in den jeweiligen Reservationen.) Hier lebte der Häuptling in einem Blockhaus; in einem danebenstehenden Haus seine zwei Frauen und seine Kinder.

Sitting Bull sagt nein!

Noch kurz vor seinem Tode gegen Ende des Jahres achtzehnhundertneunzig hielt Sitting Bull eine Rede im Fort Yates vor einer amerikanischen Kommission, in der er sich gegen eine neue Gebietsteilung und Gebietsverringerung wandte. Nichts gewährt mehr als diese Rede in ihrer ergreifenden Schlichtheit, in ihrer tiefen Wahrheit und zwingenden Logik einen Einblick in das Wesen dieses Häuptlings, von dem seine Feinde und Widersacher behaupteten, er sei schlecht und unbarmherzig.
Der berühmte alte Krieger sagte:
„Ich bin ein Indianer, und was ich bin, will ich bis zu meinem Tode bleiben. Warum sollte ich ein weißer Mann sein? Ihr Weißen habt euer großes Buch, das euch führt. Ihr sagt, es sei Gottes Werk. Ihr verlangt, daß ich euch folge auf eurem Weg. Es war uns nicht möglich, dem weißen Mann zu glauben in vielen Dingen, die er uns gesagt hat, als er uns unseren Be-

sitz wegnahm. Wie können wir an euren Gott glauben? Wenn euer Gott gewünscht hätte, daß wir euch ähnlich wären, warum wurden wir nicht so geschaffen?
Ihr kamt mit eurem Buch von Gott und mit eurem Whisky. Seit wir den weißen Mann kennen, haben wir alles verloren, was wir hatten. Jetzt bin ich alt, lebe wie ein Coyote in einem Erdhaufen, mein Bett ist die Erde; wenn ich hungere, muß ich herumwühlen wie ein wildes Tier oder verhungern. Arm bin ich, alt und leidend.
Laßt mich allein, das ist alles, was ich verlange. Geht, vertraut eurem eigenen Gott. Ich fühle, da ist etwas, was ihr versucht, mir zu nehmen. Mein Leben ist das einzige, was mir blieb, und dieser Fleck Erde. Hier wurde ich geboren, und hier werde ich sterben.
Es gab einen Tag, wo wir zehntausend berittene Krieger ins Feld schicken konnten. Damals fürchtetet ihr uns. Jetzt, in meiner Hilflosigkeit, verachtet ihr mich. Und wenn ich auf dem Punkt bin zu sterben, sagt ihr mir, ich müsse ein weißer Mann sein.
Nein, sagt der Regierung in Washington nein, Sitting Bull sagt nein. Ergreift mich, setzt mich gefangen, tötet mich! Hier bin ich, von hier gehe ich nicht weg. Warum laßt ihr mich nicht allein?
Ich verlange nichts vom weißen Mann. Ich bin niemals in euer Land gegangen, um euch zu belästigen. Warum verfolgt ihr mich bis ans Ende der Welt?
Ich wünsche niemandem Böses. Ich werde sein, was ich bin, wenn ihr mir auch das Leben nehmt.
Welchen Vertrag, den die Weißen je mit uns machten, haben wir gebrochen, habt ihr gehalten? Nicht einen!

Wo ist unser Land? Wer hat es gestohlen? Welcher weiße Mann kann sagen, daß ich je sein Land stahl oder einen Pfennig seines Geldes?
Wer hat je gesehen, daß ich meine Frau schlug oder meine Kinder mißhandelte? Welches Gesetz habe ich gebrochen?
Ist es ein Unrecht von mir, meine eigenen Leute zu lieben?
Ist es Schlechtigkeit von mir, daß meine Haut eine andere Farbe hat als die eure?
Ist es unrecht von mir, daß ich geboren wurde, wo meine Väter lebten, oder weil ich sterben wollte für mein Volk und mein Land?"

Des großen Häuptlings Untergang

Wie schon erwähnt, war Sitting Bulls Lager der Sammelpunkt aller Indianer, die sich nicht ohne weiteres mit den Maßnahmen der Amerikaner abfanden.
Es war im Oktober achtzehnhundertneunzig, als bekannt wurde, daß Sitting Bull sein Lager verlassen und sich zu den indianischen Führern der südlichen Dakota-Agenturen begeben wolle, die, wie er selbst, mit dem Regiment der Weißen unzufrieden waren. Der Agent McLaughlin traf umfassende Maßnahmen, um eine solche indianische Fühlungnahme zu verhindern. Er verstärkte in der Umgebung von Sitting Bulls Lager die Polizei und richtete einen Nachrichtendienst ein, mittels dessen er unverzüglich von den Vorgängen im Lager unterrichtet werden konnte.
Über diese Polizei sei noch einiges gesagt.

Sie entstand im Jahre achtzehnhundertachtundsiebzig auf Grund eines Gesetzentwurfes unter der Präsidentschaft von Hayes. Am zweiten Dezember des Jahres ging dieses Gesetz an den amerikanischen Kongreß, der es annahm. Es war eine neue „friedliche“ Waffe gegen die Indianer! Ein Gesetz, mit heimtückischem Raffinement ausgeklügelt. Was besagte es? Nichts Geringeres als die amtliche Genehmigung zur Aufstellung einer Indianerpolizei, einer militärischen Hilfstruppe, nicht etwa bestehend aus amerikanischen Polizisten oder Soldaten, sondern aus Indianern.
Indianer gegen Indianer! Sie sollten sich gegenseitig zerfleischen und vernichten.
Mit Hilfe dieser Indianerpolizei wurde Sitting Bulls Verhaftung, die den weißen Behörden nunmehr unerläßlich schien, gründlich vorbereitet und organisiert. Sie sollte bereits in der Nacht des sechsten Dezember achtzehnhundertneunzig erfolgen, wurde dann aber aufgeschoben, da McLaughlin auf eine telegraphische Anfrage von General Ruger aus Washington geantwortet hatte, daß ein Aufschub besser und keine Eile notwendig sei. Es erging eine entsprechende Anordnung an die Führung der Indianerpolizei, eine Gefangennahme nur auf Befehl der militärischen Behörde oder des Sekretärs des Innern durchzuführen.
Ein militärischer Befehl zur Verhaftung Sitting Bulls erfolgte dann am zwölften Dezember. Der Kommandant vom Fort Yates, Oberst Drum, wurde beauftragt, sich in die unmittelbare Nähe von Sitting Bulls Lager zu begeben, dort seine persönliche Pflicht zu tun und den Häftling gut zu verwahren. Oberst Drum und

McLaughlin beschlossen in gegenseitigem Einvernehmen, die Verhaftung auf den zwanzigsten Dezember festzusetzen, weil dieser Termin nach Meinung des Agenten insofern am günstigsten sei, als an diesem Tag die meisten Indianer auf der Agentur wären, um ihre Rationen in Empfang zu nehmen, und deshalb weniger Gefahr eines Aufruhrs im Lager bestehe.

Aber auch dieser vermeintliche letzte Entschluß wurde wieder hinfällig. Denn am Nachmittag des vierzehnten Dezember, einem Sonntag, traf vom Lager am Grand River ein Eilbote bei McLaughlin mit einer Botschaft von Carignan, dem Lehrer der Indianerschule, ein, die auf Grund von Erkundungen der Indianerpolizisten besagte, Sitting Bull sei soeben von Pine Ridge aus eingeladen worden, sich dorthin zu begeben.

Sitting Bull war entschlossen, einer solchen Aufforderung zu entsprechen, und sandte einen Boten an den Agenten mit dem Ersuchen um Erlaubnis zu dem Besuch in Pine Ridge. Gleichzeitig traf der Häuptling alle Vorbereitungen, um auf irgendeine Art dorthin gehen zu können, auch für den Fall einer Erlaubnisverweigerung. Die Amerikaner entschlossen sich daraufhin zum sofortigen Vorgehen gegen Sitting Bull. Sie wollten versuchen, die Verhaftung ohne Verzögerung, und zwar bei Tagesanbruch am fünfzehnten Dezember, vorzunehmen. Sie sollte durch die Indianerpolizei ausgeführt werden, der in einem gewissen Abstand eine Abteilung Soldaten zur Unterstützung folgen sollte. In der Nähe von Sitting Bulls Lager am Grand River standen bereits achtundzwanzig Polizisten unter dem Kommando von Leutnant Bull Head postiert. Mit diesem Kommando vereinigten sich die bei Sonnenuntergang abgesandten Indianerpolizisten, welche die ganze Nacht hindurch ritten, vor Tagesanbruch am fünfzehnten Dezember.

Für die Verhaftung des großen Häuptlings und Medizinmannes war ein Aufgebot von insgesamt dreiundvierzig Mann gut bewaffneter und ausgebildeter Polizisten aufgebracht worden. Sie standen rechtzeitig am Sammelplatz vor Sitting Bulls Lager bereit. Darüber hinaus rückte um Mitternacht vom Fort Yates aus ein Kommando von hundert Mann des achten Kavallerieregiments unter dem Befehl von Rittmeister Fechet ab. Es war mit Hotchkissgewehren bewaffnet und traf im Eilmarsch noch vor Tagesanbruch in der Nähe von Sitting Bulls Lager ein.

Ein derart starker polizeilicher und militärischer Aufwand wurde für notwendig befunden zu der Verhaftung eines einzigen Mannes.

Sitting Bull selbst, dem solche Bewegungen nicht verborgen bleiben konnten, hatte sich selbstverständlich zu schützen gesucht und durch Wachen seiner Getreuen seine Hütte gesichert.

In der der Verhaftung vorausgehenden Nacht waren die Indianer des Lagers zu einem Geistertanz versammelt. In dieser Nacht blieb Sitting Bulls Hütte ohne stärkere Sicherung, da sich fast alle am Tanze beteiligten.

Der Morgen des fünfzehnten Dezember achtzehnhundertneunzig, ein Montag, brach an. In gebotener Stille und Vorsicht hatte die Indianerpolizei die einige Meter abseits vom Lager gelegenen zwei Blockhütten, in denen der Häuptling und seine Angehörigen wohnten, durch einen Kordon fest abgeriegelt und eingeschlossen. Führer der Polizisten war, wie schon erwähnt, der Leutnant Bull Head, ein Indianer, der sich den Amerikanern unterworfen hatte und nun in ihrem Solde stand. Für ihn gab es keine Bedenken, das verräterische Werk der Verhaftung zu leiten und durchzuführen.

Dieser Bull Head gab das Zeichen zum Vorgehen. Er und sieben seiner Leute drangen in die eine, zehn weitere in die andere Hütte ein, ohne auf irgendwelchen Widerstand zu stoßen. Die übrigen Polizisten standen um die Hütten. Sie fanden in der größeren sogleich Sitting Bull. Der Häuptling hatte sicherlich nicht für diesen Tag mit einem Überfall gerechnet. Denn er lag arglos an der Erde und schlief, schlief sogar tief und fest. Daß er in dieser Zeit, da, wie er genau wußte, seine persönliche Freiheit aufs äußerste gefährdet war, so ruhig schlafen konnte, beweist mehr als alles andere, welch reines Gewissen er hatte.

Aus seinem Schlaf wurde er unsanft geweckt. Man verkündete ihm, er sei verhaftet und solle sich fertigmachen, um mit zur Agentur zu gehen. Sitting Bull erhob sich ohne jedes Zeichen von Überraschung, ohne irgendeinen Einwand zu machen, und erwiderte nur gefaßt und ruhig: „Schon gut, ich will mich ankleiden und gehe mit Ihnen."

Er schickte eine seiner Frauen in die andere Hütte nach seinen besten Kleidern, die er auf diesem Ritt anziehen wollte, und ersuchte, ihm sein Lieblingspferd zu satteln, was auch durch einen Indianerpolizisten geschah. Inzwischen durchsuchten die Häscher die ganze Behausung, fanden aber durchaus

nichts Verfängliches außer zwei Gewehren und einigen Messern, die sie beschlagnahmten.
Der Häuptling kleidete sich an. Zunächst völlig ruhig, dann jedoch, seine heikle Situation bedenkend, stieg Zorn in ihm auf, und er warf seinen Groll auf die ihm naturgemäß sowieso unleidlichen Indianerpolizisten, die, wie er sagte, ihn im Schlafe gestört hätten.
Während sich das alles in der Hütte verhältnismäßig ruhig abspielte, hatte sich die Kunde von der Verhaftung mit Windeseile verbreitet. Seine Anhänger scharten sich in höchster Erregung auf dem Platz vor der Hütte zusammen. Es waren etwa hundertfünfzig Indianer. Sie drangen, ohne ihre Waffen zu gebrauchen, zur Hütte vor und drückten die draußen postierten Polizisten bis an die Hüttenwand zurück.
In diesem Augenblick brachte man Sitting Bull aus der Hütte heraus. Beim Anblick seiner Getreuen geriet er in heftige Wallung und weigerte sich weiterzugehen. Er rief seinen Leuten zu, ihn zu befreien.
Zu beiden Seiten Sitting Bulls standen seine Schergen, Leutnant Bull Head und Sergeant Shave Head, unmittelbar hinter ihm Untersergeant Red Tomahawk. Die Polizisten versuchten, eine Gasse durch die sie umringenden Indianer frei zu machen. In diesem Moment fiel ein Schuß, der Leutnant Bull Head in die Seite traf. Catch The Bear, einer der Anhänger Sitting Bulls, hatte ihn abgefeuert. Sofort erhob Bull Head, der noch aufrecht blieb, seine Waffe und schoß auf Sitting Bull, der zu gleicher Zeit eine Kugel von dem hinter ihm stehenden Red Tomahawk in den Kopf erhielt. Auf Sergeant Shave Head schoß man aus der Menge, dieser brach ebenso wie Sitting

Bull und Bull Head zusammen. Catch The Bear, der den ersten Schuß abgegeben hatte, wurde von dem Polizisten Lonely Man durch einen Schuß niedergestreckt. Das alles war das Werk eines Augenblicks. Und es entstand ein verzweifeltes Handgemenge, bei dem es den weitaus besser bewaffneten Polizisten gelang, die Indianer zurückzudrängen, die sich schließlich, als nach einiger Zeit auch noch Kavalleristen des Rittmeisters Fechet in das Kampfgetümmel eingriffen, über den Grand River zurückzogen und sich weiterhin über die Prärie dem Cherry Creek und dem Cheyenne River zuwandten. Ihre Frauen, ihre Kinder, ihr Hab und Gut und ihre Toten mußten sie zurücklassen. Den Frauen und Kindern wurde nach dem Kampf gestattet, in ihre Hütten zurückzukehren.

Wenn auch dieser Kampf nur einige Minuten dauerte, so forderte er doch viele Opfer. Abgesehen von den Verwundeten gab es auf seiten der Polizei sechs Tote. Die Indianer verloren acht Angehörige einschließlich Sitting Bulls und seines Sohnes Crow Foot im Alter von siebzehn Jahren.

Am Nachmittag des gleichen Tages kehrten die Indianerpolizisten in ihre Agentur zurück. Sie nahmen ihre Toten, Verwundeten und zwei Gefangene sowie den Leichnam von Sitting Bull mit. Es war ihnen nicht gelungen, den großen Häuptling und Medizinmann, der im Alter von sechsundfünfzig Jahren fiel, lebend, wie sie es gewünscht hatten, in ihre Hand zu bekommen.

Sitting Bull war tot. Mit ihm ging einer der größten Kämpfer für indianisches Recht und für indianische Freiheit in die glücklichen Jagdgründe dahin.

Voll berechtigten Stolzes und ehrgebietender Würde hatte er einst zu seinen Lebzeiten die Worte gesprochen:
„Ich wünsche keinen weißen Mann über mich gestellt zu sehen. Ich wünsche, mit dem weißen Mann zusammenzugehen, nicht aber, daß er mein Herr ist. Ich fordere das, weil ich meinem Volke Gerechtigkeit widerfahren lassen möchte."
Seit den Tagen von Pontiac, Tecumseh und Red Jakket hatte kein Indianer außer Sitting Bull die Kraft, sein Volk so zusammenzuhalten und zu führen wie er, einer der größten Indianer, von denen wir Kunde haben.

Eine Beerdigung bei Nacht und Nebel

Sitting Bulls Leichnam konnte nicht von seinen Angehörigen, von seinen Verwandten und Freunden nach indianischem Ritus feierlich unter Klagegesang beigesetzt werden. Sitting Bulls Leichnam befand sich in Feindeshand, in den Händen des Militärs. Im Fort Yates, in einer Ecke des dortigen Friedhofes, wurde der Tote in die Erde versenkt.
Ein einfacher Soldat aus der Besatzung des Forts Yates, der im Zivilleben Schreiner war, klopfte für den Häuptling schlecht und recht einen Kasten zusammen, der als Sarg dienen sollte. Dieser Sarg war zwei Fuß breit, zwei Fuß hoch und sechs Fuß lang, ein Kasten, in den der Leichnam des stattlichen Sitting Bull nur mit Mühe hineinpaßte. Auf einem zweirädrigen Karren wurde er zum Friedhof gebracht, vor der bereits ausgehobenen Grube abgela-

den, in die Erde versenkt und die Grube zugeschüttet.
Das war Sitting Bulls Begräbnis.
Des einfachen Soldaten, der den Sarg fertigte und dessen Name, Waggoner, überliefert wurde, sei hier gedacht. Er war der einzige Weiße, dem die jeden Gefühls bare Art der Beerdigung mißfiel. Er äußerte während der Zurüstungen für die Bestattung sein starkes Befremden über eine derartige Handlungsweise an dem Indianer, der zwar ein Feind, aber doch auch ein Mensch gewesen sei. Dieser Soldat hatte den Mut, darüber hinaus zu erklären, daß er Sitting Bull für einen tapferen Kämpfer, für einen seinem Volke treuen Helfer und tiefen Denker, für einen stolzen Häuptling und einen unbestechlichen Ehrenmann gehalten habe. Denn er sei mit ihm bekannt gewesen, sei öfter mit ihm zusammengetroffen und habe manche Mahlzeit mit ihm in seiner Hütte geteilt. Der Häuptling sei ein rechtschaffener Mann gewesen, und er könne nur Gutes von ihm sagen.
Das war die Meinung des schlichten Soldaten Waggoner. Sie macht ihm Ehre. Und als Sitting Bulls Leiche im Friedhofswinkel des Forts Yates versenkt wurde wie die eines verworfenen Verbrechers, mag den großen Toten das Gedenken wenigstens eines der Teilnehmer an dieser Beerdigung in die glücklichen Jagdgründe begleitet haben.
Bar jeder Menschlichkeit, unwürdig, kleinlich und böse wurde einer der größten indianischen Männer der Erde übergeben. Geist, Ruhm und Ehre aber werden lebendig bleiben mit dem Namen jenes Kämpfers für Freiheit und Gerechtigkeit – Sitting Bull.

Der Geistertanz

In Washington glaubte man Ende der achtziger Jahre, daß der Widerstandsgeist und die Kraft der Indianer endgültig gebrochen sei. Eine Annahme, die ebenso überheblich wie töricht war. Denn sie setzte voraus, daß die Indianer mit ihrem stark entwickelten Heimatgefühl ihre stolze Vergangenheit als freie Stämme, das Recht auf ihr Land, die unermeßlichen Prärien, die stolzen Berge, grünen Täler und tiefen Schluchten, die weiten Seen und rauschenden Flüsse, die jahrhundertealten herrlichen Wälder so im Handumdrehen hätten vergessen können. Den Weißen war es noch längst nicht gelungen, bei den Indianern die Erinnerung an ihre frühere Lebensweise zu trüben oder gar auszulöschen. Die Indianer hielten an ihren alten religiösen Sitten und Gebräuchen fest und ersehnten ihre ursprüngliche Freiheit zurück.

Was sie erfahren hatten: Unrecht, Vertragsbruch, Heuchelei und Lüge, hatte sie mit der Zeit hellhörig gemacht. Sie trauten dem mit den brutalsten Mitteln erzwungenen „Frieden" nicht.

In Washington liefen immer wieder beunruhigende Meldungen aus den Indianeragenturen ein. Und die Regierenden brüteten über neuen Plänen, wie sie die widerspenstigen Indianer endgültig bändigen könnten.

Neue Reservationen wurden den Indianern zugewiesen. Dort sollten sie sich ansiedeln und sich durch Ackerbau und Viehzucht ernähren. Sie sollten friedliche und regierungstreue Untertanen werden. Man versprach ihnen aufs neue viele Vergünstigungen, ge-

nau wie früher, und dachte wiederum nicht daran, das Versprochene zu halten.
So ließen denn ihre Erfahrungen mit den Weißen die Indianer Zuflucht zu ihrer Religion nehmen.
Jene überirdische Welt, die sie sich einst in ihren Kulten aufgebaut hatten, war längst noch nicht untergegangen, trotz aller Bekehrungsversuche zum christlichen Glauben. Der Glaube an die Kraft uralter zaubernder Mächte lebte in ihnen. Deshalb riefen sie sie als letzte Hilfe gegen die Unterdrückung an.
Die Bräuche des sogenannten Geistertanzes breiteten sich aus.
Der Geistertanz war eine neue indianische religiöse Bewegung, uralte indianische und neu hinzugekommene christliche Elemente vereinten sich in ihr. Sie nahm achtzehnhundertneunzig ihren Ausgang von den Dakota. Den großen Geistertanz „Propheten und Messias" führte der Paiute-Indianer Wowoka ein. Die Bewegung des tanzenden Geistes breitete sich allmählich immer weiter und stärker aus. Jede Aussicht, den Weißen noch einmal kriegerisch gegenüberzutreten und jemals aus den Kämpfen siegreich hervorzugehen, ihr altes schönes und reiches Land wiederzugewinnen, war den Indianern ein für allemal genommen. Sie hegten aber trotz allem den festen Wunsch, von den Erniedrigungen und der Ausbeutung durch die Weißen befreit zu sein und in einem menschenwürdigen Dasein in Ruhe und in wahrhaftem Frieden leben zu können. Wer konnte ihnen dazu verhelfen? Auf Erden niemand.
Also wandten sie ihren Blick zum Himmel. Sie waren meist zur christlichen Lehre bekehrt worden. Man hatte ihnen verkündet, daß der „Messias" von dem

Christengott, in dem sie im stillen immer noch den Großen Geist Manitou verehrten, in die Welt gesandt sei, die Menschen durch die Hingabe seines Blutes von allen Leiden und Sünden zu erlösen. Und nun schlug in ihrem Gemüt, von den Medizinmännern genährt und leidenschaftlich angefacht, die Hoffnung auf einen neuen „Messias" Wurzel. Er sollte ihnen Glück und Frieden bringen. Und nicht nur das! Der neue „Messias" würde die alte indianische Welt wiederherstellen, und wenn es wieder zu Zusammenstößen mit den Weißen kommen sollte, würde er deren Kugeln unschädlich machen. Ja, es sollten in seiner Begleitung alle ihre Vorfahren wiederkehren und auferstehen, um nun wie einst mit den Urenkeln den Büffel zu jagen. Das war ihr Glaube, ihre Hoffnung auf den großen gottgesandten Helfer.
Die Medizinmänner lehrten den Geistertanz, mit dem der neue „Messias" angerufen und beschworen wurde. Auch Sitting Bull war ein Anhänger der Geistertanzbewegung gewesen.

Das Massaker von Wounded Knee

Bis zu welcher Kopflosigkeit der Geistertanz die amerikanischen Behörden trieb, geht aus dem entsetzlichen Geschehen hervor, das ich hier schildern will, von dem ich selbst bei meinem jahrelangen Aufenthalt in den USA vieles gehört und Berichte von Augenzeugen gesammelt habe.
Big Foot war einer jener Indianerhäuptlinge aus dem Lager der Unversöhnlichen. Er wurde nach Sitting Bulls Tod deren Anführer. Sie kamen Ende acht-

zehnhundertneunzig im Bereich der Pine-Ridge-Agentur zu einem Geistertanz zusammen, der aber von der Indianerpolizei mit Waffengewalt unterdrückt wurde. Den Indianern gelang jedoch die Flucht in die Süd-Dakota-Badlands. Auf ihrem Rückzug wurden sie von Truppen des siebenten Kavallerieregiments unter dem Kommando des Obersten Forsythe abgefangen, der sie nach Pine Ridge zurückführen sollte. Am Rande der Badlands umzingelte Oberst Forsythe, der beträchtliche Verstärkungen herangezogen hatte, die durch zahlreiche Zuläufer erheblich angewachsenen Scharen von Big Foot. Es blieb den Indianern nichts übrig, als sich der Übermacht mitsamt ihrem schwer erkrankten Führer zu ergeben.

Das war am neunundzwanzigsten Dezember achtzehnhundertneunzig.

Die Indianer waren mit Frauen, Kindern und vielen Kranken, mit ihren Pferden und ihrer Habe am Wounded Knee Creek (Nebraska) versammelt. Sie verhielten sich völlig ruhig, gingen ihren friedlichen Beschäftigungen nach und dachten nicht entfernt an einen Überfall durch die amerikanischen Truppen, von denen sie ringsum eingeschlossen waren. Sie bereiteten sich auf den angekündigten Rückmarsch nach der Pine-Ridge-Reservation vor.

In dieser Situation entsandte Oberst Forsythe eine Delegation amerikanischer Soldaten in das Lager. Was wollten sie? Das gesamte Lager hatte sich ja bereits friedlich und widerstandslos ergeben? Die Abordnung überbrachte einen Befehl Forsythes. Er forderte: Entwaffnung des Lagers!

Die Indianer waren aufs höchste betroffen. Sie ver-

suchten, zu verhandeln und den amerikanischen Soldaten ihre Lage klarzumachen. Daß sie ihre Waffen nicht zu kriegerischen Zwecken trügen, sondern sie zu rein friedlichen Verrichtungen unbedingt benötigten, zur Nahrungsmittelbeschaffung durch die Jagd, zum Holzfällen für die Feuerstätten, denn es war grimmiger Winter. Nichts half. Die Truppen hatten sich bereits dem Lager genähert, drangen ein und begannen mit der Suche nach Waffen.
Ein junger Dakota wollte seine Büchse nicht abgeben und kam mit zwei amerikanischen Soldaten ins Handgemenge. Dabei löste sich ein Schuß, der den einen Amerikaner traf. Dieser Schuß aber war das Signal für ein grauenhaftes Gemetzel.
Im Nu fielen die rings um das Lager postierten Soldaten über die Indianer her. Von den Höhen herab setzten sofort vier Hotchkisskanonen mit einem mörderischen Beschuß auf das Lager ein. Die amerikanischen Soldaten schossen unter dem fanatischen Ruf „Rache für Custer!" alles gnadenlos nieder, was ihren Weg versperrte. Männer, Frauen, Kinder wurden in sinnloser Wut niedergemacht. All das geschah unter dem Gebrüll der Soldaten: „Rache für Custer!"
Die Indianer, entsetzt beim Anblick der vor ihren Augen verblutenden Brüder, Frauen und Kinder, eilten in die Zelte zu ihren Waffen. Sie leisteten erbitterten Widerstand. Aber all ihre todesverachtende Tapferkeit, was vermochte sie über die weit überlegene Feindesmacht? Die Indianer konnten das über sie so ungeahnt hereinbrechende Verderben nicht mehr abwenden, auch Big Foot traf eine feindliche Kugel. Bis zum Äußersten kämpfend, zogen sie sich mit allen, die noch laufen konnten, zurück. Die Män-

ner wandten sich durch eine tiefe Schlucht dem Creek zu, die Frauen mit den Kindern in verwirrter Flucht in einen Hohlweg.

Waren sie gerettet? Kamen sie mit dem nackten Leben davon? Mitnichten. Kavallerie verfolgte sie. Unbarmherzig wurden auch sie zusammengeschossen. Nicht einmal die weißen Flaggen, welche die indianischen Frauen in höchster Not und Gefahr vor ihren Tipis aufgepflanzt hatten, haben die Soldaten beachtet. Unter einer solchen weißen Flagge, dem Zeichen des Friedens, wurden nach dem Massaker siebenunddreißig Frauen und Kinder erschlagen aufgefunden.

Wie blindwütig die Truppen mordeten, mag folgendes Ereignis zeigen: Als der Lärm des Kampfgetümmels vernehmbar wurde, war sofort von der katholischen Mission in Pine Ridge ein französischer Priester, Pater Kraft, nach Wounded Knee geeilt. Während er sich um einen verwundeten Indianer bemühte, warf ihn ein Dolchstoß nieder.

Das war das Massaker von Wounded Knee, dessen Schrecken kaum zu schildern sind. Ein schwarzer Tag in der amerikanischen Indianergeschichte!

Über das grauenhafte Geschehen liegen zahlreiche amtliche Protokolle und Augenzeugenberichte vor, von denen ich nur einige wiedergeben will. Aus ihnen geht einwandfrei und klar hervor, welche Untat am Wounded Knee an den Indianern verübt wurde.

Der amerikanische Indianerforscher James Mooney, der wohl als bester Kenner der Geschichte des Geistertanzes anzusehen ist, sagt über die Ereignisse von Wounded Knee: „Von dem furchtbaren Wüten kann man sich eine Vorstellung machen, wenn man erfährt, daß eine Frau, Blue Whirlwind, die den Kampf überlebte und sich mit dem Verfasser unterhielt, vierzehn Wunden erhielt, während jeder der an ihrer Seite stehenden zwei kleinen Buben ebenfalls schwer verwundet wurde. In wenigen Minuten lagen an die vierhundert Indianer – Männer, Frauen und Kinder – und etwa sechzig Soldaten tot oder verwundet am Boden. Die Zelte wurden auseinandergerissen und angezündet, wobei viele hilflose Verwundete mitverbrannten. Eine Handvoll überlebender Indianer floh in wilder Panik in den Schutz der Schluchten, verfolgt von Hunderten berittener Soldaten und überschüttet vom furchtbaren Feuer der Hotchkisskanonen, die so in Stellung gebracht waren, daß sie die Schlucht vollständig bestrichen. Es unterliegt keinem Zweifel, daß diese Verfolgung ganz einfach Mord war, wobei flüchtende Frauen mit Kindern in den Armen niedergeschossen wurden, nachdem bereits der Widerstand aufgegeben war und fast alle Krieger tot oder sterbend am Boden lagen."

Die Aussage des berühmten Häuptlings American Horse, die nun folgen soll, ist in einer Berichterstattung des Kommissars für Indianerangelegenheiten aus dem Jahre achtzehnhunderteinundneunzig enthalten, einem Auszug aus der wörtlich nachstenografierten Wiedergabe einer Verhandlung in der Ratsversammlung des Kommissars für Indianerangelegenheiten mit den Delegierten der Dakota in Washington am elften Februar achtzehnhunderteinundneunzig über Pine Ridge. Dolmetscher war Mister Cook.

American Horse sagte danach aus: „Die Männer waren von den Frauen getrennt und von den Soldaten umringt. Als das Feuer begann, wurden die Indianer, die unmittelbar um den jungen Mann standen, der den ersten Schuß abgegeben hatte, fast alle gleichzeitig getötet, worauf die Soldaten sofort ihre Gewehre auf die Frauen richteten, die unter der Flagge des Waffenstillstandes bei ihren Zelten standen. Mit diesem Feuerüberfall setzte gleichzeitig eine sofortige Flucht der Indianer ein. Die Männer entkamen in einer bestimmten Richtung, während die Frauen nach zwei anderen Seiten davonstürzten, so daß die allgemeine Flucht in drei verschiedenen Richtungen erfolgte. Die Frauen und Kinder lagen tot um das ganze kreisförmig errichtete Lager verstreut bis auf die, die geflohen waren. Ich sah eine Frau mit ihrem Kind in den Armen ganz nahe der Flagge des Waffenstillstandes tot am Boden liegen. Das Kind, nicht wissend, daß seine Mutter tot war, versuchte an ihrer Brust zu trinken. Das war ein besonders trauriger Anblick. Die Frauen, die mit ihren kleinen Kindern flohen, wurden getötet, sogar Frauen, welche in Hoffnung waren. Dann wurde von den Soldaten ausgerufen, daß alle diejenigen, die weder getötet noch verwundet waren, sich in Sicherheit befänden, wenn sie aus ihren Zufluchtsstätten hervorkämen. Kleine Buben, die unverwundet geblieben waren, kamen daraufhin aus ihren Verstecken hervor und wurden von den Soldaten gleichfalls hingeschlachtet. Wir alle fühlten uns tief niedergeschlagen wegen dieses Ereignisses. In all den beschwerlichen Tagen stand ich treu zur Regierung. Mein Glaube an sie war so groß, und ich hielt so treu zu ihr trotz meiner schwer enttäuschten Hoffnungen, die mich nur mit schwerverwundetem Herzen nach Washington kommen ließen. Es wäre alles noch erträglicher, hätten nur die Männer den Tod gefunden, das wäre uns eher noch verständlich gewesen. Aber die Tatsache von der Ermordung der Frauen und vor allem noch mehr die Hinschlachtung der kleinen Buben und Mädchen, die die Hoffnung und Stärke für unsere indianische Zukunft bedeuteten, das ist der trübste und beklagenswerteste Teil des ganzen Geschehens, und darüber fühlen wir uns sehr traurig. Vor der Beerdigung der Toten war ich nicht dort, aber ich ging mit einigen von der Polizei und einer großen Menge von der Agentur dorthin. Wir gingen über das Schlachtfeld und sahen an den Blutspuren, wo die Körper gelegen hatten."

Fünfzig Jahre nach der Schlacht wurde die Angelegenheit in Washington wieder aufgerollt, da die Nachkommen der Getöteten Forderung auf Entschädigung stellten. Unter den Zeugen befanden sich auch die Häuptlinge Dewey Beard und Jim Pipe-On-Head, welche dem Blutbad entronnen waren.

Dewey Beard berichtete: „Am neunundzwanzigsten November achtzehnhundertneunzig zog der ganze Stamm nach Wounded Knee. Um unsere friedlichen Absichten zu bezeugen, nahmen wir alle unsere Greise, Weiber und Kinder mit, denn auf den Kriegszügen hatten wir niemals unsere Angehörigen bei uns. Kaum war das Lager aufgebaut, bemerkten wir, daß wir von den Soldaten umzingelt und auf dem Hügel Kanonen aufgefahren waren, deren Schlünde sich auf uns richteten. Einige Soldaten traten auf uns zu und durchsuchten uns nach Waffen. Ein Schuß krachte – er kam aus dem Gewehr eines jungen Indianers, dem ein Soldat dasselbe heftig entriß. Und jetzt hob das Furchtbare an. Es war, als ob die weißen Männer zu Teufeln geworden wären. Sie eröffneten sofort das Feuer auf uns aus ihren Gewehren und auch aus den Kanonen, die auf einem Hügel standen – ein Schnellfeuer auf unsere unbewaffneten Männer, Frauen und Kinder. Schon nach einigen Minuten lagen wir alle am Boden, schreiend und jammernd, blutend, Schwerverletzte und Tote. Aber die weißen Männer hörten noch immer nicht auf, unaufhörlich krachten die Salven. Und dann fielen die Soldaten über den Leichenhaufen unserer Brüder und Schwestern her und schossen und stachen nach ihnen, um keinen mehr am Leben zu lassen. So wurde unser ganzer Stamm ausgerottet: vierhundert Männer, Greise und Kinder. Meine Mutter wurde von den Soldaten erschossen, während sie mich an der Hand hielt. Meinen Vater töteten zehn Kugeln, meinen neben mir stehenden Freund Jim Pipe-On-Head verwundeten vier, mich sechs Schüsse. Dann zogen die Soldaten in unser Lager, und alles, was wir besaßen, wurde von ihnen gestohlen oder verbrannt. Die Leichenhaufen ließ man noch wochenlang im Schnee liegen.

Es sind nun fünfzig Jahre vorbei, aber noch heute höre ich nachts im Schlafe die gellenden Todesschreie meiner Brüder. Das war nicht tapfer von den weißen Männern!“

Als Entschädigung wurden dann den Überlebenden vom Kongreß zweihunderttausend Dollar zugebilligt.

Aber die Toten von achtzehnhundertneunzig wurden dadurch nicht wieder lebendig.

Zeittafel

Im Jahre 1876 lieferten am Little Big Horn indianische Krieger den regulären amerikanischen Truppen zum letzten Mal eine siegreiche Schlacht. Was geschah um diese Zeit an anderen Orten der Erde? Nichts auf der Welt ereignet sich rein zufällig, auch keine Indianerschlacht. Warum drangen die amerikanischen Truppen in die Indianergebiete vor? Doch nicht aus bloßer Neugier! Aus Habgier? Wessen Habgier?

Wer herrschte auf der Welt?

1861–62 Nach vier Jahren Bürgerkrieg sind die Sklavenhalter der Südstaaten Nordamerikas geschlagen, in den USA herrschen die Kapitalisten. Sie erlassen das „Heimstättengesetz". Es sichert jedem Farmer das Eigentum am Boden zu, den er sich in den bisher indianischen Gebieten erwirbt. Indianer gelten nicht als Staatsbürger, ihr Eigentum wird nicht geschützt.

1864 Die rasche Entwicklung des Kapitalismus in Europa und den USA führte zu einem ebenso raschen Anwachsen der Arbeiterbewegung. Die nationalen Arbeiterbewegungen erkannten, wie notwendig ein internationaler Zusammenschluß gegen den internationalen Kapitalismus geworden ist. Sie gründen die I. Internationale mit dem Ziel, die Lehre von Marx und Engels, den wissenschaftlichen Sozialismus über die ganze Erde zu verbreiten.

1867 Der deutsche Arbeiterführer August Bebel wird

in den Norddeutschen Reichstag gewählt. Er stimmt gegen die Verfassung des Norddeutschen Bundes, an dessen Spitze das Königreich Preußen steht.

Die USA-Regierung kauft vom Russischen Reich das Gebiet Alaska.

In den USA gründet F. A. Sorge, ein Kampfgefährte von Karl Marx, eine Sektion der Internationale.

1870 In Simbirsk an der Wolga wird W. I. Uljanow geboren, der spätere Schüler und Fortsetzer des Werkes von Marx und Engels. Unter dem Namen Lenin geht er in die Weltgeschichte ein.

Der Deutsch-Französische Krieg beginnt als Verteidigungskrieg. Nach der Zerschlagung der französischen Armee durch die deutschen Heere wird er zu einem ungerechten Eroberungskrieg gegen das französische Volk.

1871 Die deutschen Sozialisten treten gegen den Raubkrieg ein.

Im eroberten Frankreich wird das Deutsche Kaiserreich proklamiert und der preußische König zum Kaiser gekrönt. Deutschland wird zu einem kapitalistischen Staat.

Am 18. März führen die Pariser Arbeiter die erste proletarische Revolution durch, die Pariser Kommune. Sie wird blutig niedergeschlagen; doch Lenin sagt später: „Die Kommune hat das europäische Proletariat gelehrt, die Aufgaben der sozialistischen Revolution konkret zu stellen.“

1872 Der Generalrat der I. Internationale übersiedelt in die USA. F. A. Sorge wird zum Generalsekretär gewählt.

1873 Der Kapitalismus wird durch eine schwere Wirtschaftskrise erschüttert. In den USA, in Deutschland, England, Frankreich, Österreich steigt die Arbeitslosigkeit gewaltig an, zugleich setzen sich die Arbeiter in heftigen Streikkämpfen gegen die Ausbeutung zur Wehr.

1876 In Guben an der Oder wird als Sohn eines Kutschers Wilhelm Pieck geboren, der spätere deutsche Arbeiterführer. Er wurde 1949 zum Präsidenten der Deutschen Demokratischen Republik gewählt. In Berlin schließen sich die deutschen Kapitalisten zur Wahrung der Profite zum „Zentralverband Deutscher Industrieller" zusammen.

Im Fernen Osten zwingen die japanischen Kapitalisten Korea einen knechtenden Vertrag auf, der Korea zur Halbkolonie macht.

Im April erheben sich in Bulgarien die Freischaren unter Führung des Dichters und Revolutionärs Christo Botew gegen die türkische Fremdherrschaft. Der Freiheitskrieg greift bald auf Bosnien, die Herzegowina, Serbien und Montenegro (heute Teile der Sozialistischen Föderativen Volksrepublik Jugoslawien) über.

Im Mai öffnet die Welt-Industrieausstellung in Philadelphia (USA) die Pforten. Eine der Attraktionen ist das von Bell erfundene Telephon.

Wenige Tage nach der Niederlage General Custers am Little Big Horn begehen die USA den 100. Jahrestag der Unabhängigkeit von England.

Am 15. Juli erklärt in Philadelphia der Kongreß der I. Internationale die Aufgabe, den wissenschaftlichen Kommunismus unter den Arbeitern zu verbreiten und in aller Welt nationale Arbeiter-

organisationen zu schaffen, für erfüllt. Die I. Internationale löst sich auf.
Im August muß sich der Kriegsminister der USA Belknap, einer der Verantwortlichen für die Ausrottungsfeldzüge gegen die Indianer, wegen seiner Bestechlichkeit verantworten. Der Prozeß endet mit einem Freispruch.
Im gleichen Monat beginnen in den USA-Staaten Alabama, Louisiana und Südcarolina Terrorakte gegen die Negerbevölkerung. Die Regierung befiehlt General Sherman, sich mit allen verfügbaren Truppen für die weißen Behörden bereit zu halten.
Im Dezember hält der Präsident der USA vor dem Kongreß einen Rechenschaftsbericht. Er erwähnt die Niederlage am Little Big Horn mit keinem Wort, verlangt aber einen Zuschlag von 6 000 000 Dollar für das Kriegsministerium.
In den amerikanischen Buchhandlungen wird ein neuer Roman von Mark Twain verkauft: „Tom Sawyers Reisen und Abenteuer“.
In Indien, das von den englischen Kolonialherren ausgebeutet wird, herrscht eine schreckliche Hungersnot. Sie dauert bis 1877 an. 5 500 000 Menschen verhungern. Eine Vereinigung indischer Patrioten sagt den Großgrundbesitzern den Kampf an.
England und Frankreich kontrollieren die Finanzen Ägyptens, um das Land besser auszuplündern zu können. Gegen die Unterdrücker bildet sich in Kairo eine geheime revolutionäre Vereinigung unter Oberst Ahmed Orabi.
Der amerikanische Forschungsreisende Stanley

erforscht das Gebiet des größten afrikanischen Stroms, des Kongo.

1877 500000 Wahlberechtigte geben in Deutschland den sozialistischen Kandidaten ihre Stimme.

1878 In Deutschland wird die Partei der Arbeiterklasse mit allen ihren Organisationen verboten (Sozialistengesetz).

In Berlin einigen sich die europäischen Großmächte über ihre Einflußsphären; sie beginnen, die Welt unter sich aufzuteilen.

1879 Deutschland und Österreich schließen einen Zweibund gegen Rußland.

Die deutsche Arbeiterbewegung hat ihren Kampf gegen das Sozialistengesetz aufgenommen.

Siemens und Halske führen die erste elektrische Straßenbahn vor. Robert Koch entdeckt den Erreger der Tuberkulose.

1882 England besetzt Ägypten und sichert seine Herrschaft über den Suezkanal.

Deutsche Kapitalisten gründen einen Kolonialverein, sie fordern die Neuaufteilung der Welt zu ihren eigenen Gunsten.

1883 In London stirbt Karl Marx, der Begründer des wissenschaftlichen Kommunismus.

Benz erfindet den Benzinmotor. Robert Koch entdeckt den Erreger der Cholera.

Russische Revolutionäre gründen die Gruppe „Befreiung der Arbeiter“, die Keimzelle der 1903 entstehenden Partei Lenins.

1884 Deutsche Imperialisten annektieren Südwestafrika, Togo, Kamerun und Gebiete auf der Insel Irian (Neuguinea), im Jahre darauf Gebiete Ostafrikas.

In Deutschland wählen trotz des Verbots der Arbeiterbewegung 550000 Wahlberechtigte sozialistische Kandidaten.

1886 In Hamburg wird Ernst Thälmann geboren.

Daimler baut einen vierrädrigen Motorwagen; er hatte im Jahre zuvor gemeinsam mit Maybach ein Motorrad gebaut.

Am 1. Mai werden die großen Städte der USA von einer gewaltigen Streikwelle erfaßt. Polizei schießt auf die Demonstranten.

1887 In den USA wird das Dawesgesetz verkündet, wonach alle Indianerstämme aufgelöst werden und der von Indianern bewohnte Boden als Privateigentum gilt.

In Deutschland und in allen führenden kapitalistisch regierten Ländern entstehen immer größere Monopolorganisationen der Industrie- und Bankherren. Der Kapitalismus tritt in sein letztes, das imperialistische Stadium.

1889 Die USA erheben den Anspruch auf Vormacht in ganz Nord-, Mittel- und Südamerika.

In Paris gründen Vertreter der sozialistischen Arbeiterparteien aus aller Welt die II. Internationale. Sie hatte, nach Lenins Worten, den Boden zu bereiten für eine weite, die Massen erfassende Ausbreitung der sozialistischen Arbeiterbewegung in aller Welt.

Die II. Internationale erklärt den 1. Mai zum Tag der Solidarität der Arbeiter aller Länder.

1890 Die deutsche Arbeiterbewegung hat das Sozialistengesetz besiegt; es wird aufgehoben. 26 Tage später geben 1500000 Wahlberechtigte in Deutschland den sozialistischen Kandidaten ihre Stimme.

Zum Jahr der Schlacht am Little Big Horn ist noch etwas nachzutragen:

1876 Am 19. Januar wurde in Wien Patty Frank geboren, der Autor dieses Buches. Daß sich die Indianerschlacht in seinem Geburtsjahr ereignete, hat ihn dazu bewogen, sich viele Jahrzehnte lang mit dem Freiheitskampf der nordamerikanischen Indianer zu befassen. – Es ist eine gute Sache, zu erforschen, was in einem bestimmten Jahr Wichtiges in der Welt geschehen ist. Man kann interessante Entdeckungen machen.

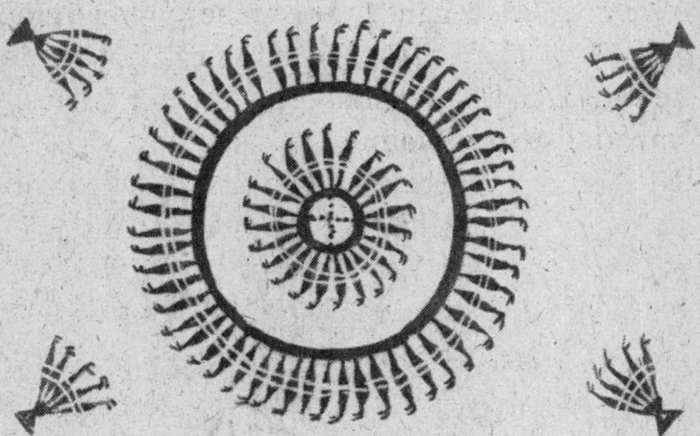

Inhalt

Die Indianerschlacht am Little Big Horn

Als die Indianer ihr Schweigen brachen

Sitting Bull

EVA LIPS

Sie alle heißen Indianer

Illustrationen von Gerhard Lahr
Für Leser von 12 Jahren an

Die Indianer Nordamerikas lebten keineswegs nur in der Prärie, wie man es aus Büchern und Filmen her weiß, sondern über den ganzen Kontinent verstreut, vom Atlantik bis zum Pazifik, vom ewigen Eis bis zu den Kakteenwüsten Neumexikos. Und so verschieden die Lebensräume der Indianer waren, so verschieden waren auch ihre Lebensweisen. Die Autorin dieses Buches, die lange Zeit unter Indianern lebte, berichtet über vieles, das nicht weniger fesselnd ist als die kriegerischen Kämpfe der federgeschmückten, buntbemalten Prärieindianer, das aber dieses Volk viel tiefer kennenlernen läßt.

Der Kinderbuchverlag Berlin

JULIUS E. LIPS

Zelte in der Wildnis

Alex Taschenbuch Nr. 107
Illustrationen von Günther Lück
Für Leser von 10 Jahren an

Julius E. Lips erzählt, wie am Johannis-See seit alters mehrere Stämme von auf Labrador lebenden Indianern ihre Sommerzelte aufschlagen. Dort hat auch die Hudson's Bay Company eine ihrer Geschäftsstellen. Ihre während des Winters erbeuteten Felle von Nerz, Biber, Otter, Hermelin, Silberfuchs, Elch und Luchs tauschen die Indianer hier gegen Waren des weißen Mannes.
Im Mittsommer, bei ihrem Eintreffen am See, lernen wir die Familie Minnegouche vom Stamm der Naskapi kennen und nehmen ein volles Jahr an ihrem Leben teil.

Der Kinderbuchverlag Berlin

Von Hansgeorg Meyer bearbeitete und gekürzte Fassung des 1957 im Verlag des Ministeriums für Nationale Verteidigung erschienenen Werkes
Lizenzausgabe mit Genehmigung des Militärverlages der Deutschen Demokratischen Republik (VEB) – Berlin
Illustrationen: Gerhard Lahr
Vorwort: Professor Dr. Eva Lips

ISBN 3-358-01014-7

2. Taschenbuchauflage 1988

Lizenz-Nr. 304-270/439/88
Gesamtherstellung: Grafischer Großbetrieb Völkerfreundschaft Dresden
LSV 7811
Für Leser von 12 Jahren an
Bestell-Nr. 632 486 0
00200